上海工艺美术职业学院"双高"建设项目

创意方法

主　编：韩为
副主编：林可墅　尚锋

上海交通大学出版社
SHANGHAI JIAO TONG UNIVERSITY PRESS

内容提要

本书为"创意设计系列丛书"之一。全书系统阐述了广告传媒行业的创意发想工作,从解读策略到创意成型的整个流程,并且提供了一套行之有效的创意方法论和创意思维工具。借助这些工具,让创意设计初学者最大限度地发挥潜在的创意发想能力,完成广告创意工作。教材分为七章,内容包括对广告创意的认知、创意概念的确定、创意洞察的挖掘、创意思维模式的建构、创意修辞的应用、创意故事的撰写、创意工作的管理与检验。教材可作为高等职业院校广告设计专业、视觉设计专业的创意能力培养课程的教学用书,也可作为传媒与策划等专业通识课程的辅助教材。

图书在版编目(CIP)数据

创意方法 / 韩为主编. —上海:上海交通大学出版社,2022.8

ISBN 978-7-313-25861-8

Ⅰ.①创… Ⅱ.①韩… Ⅲ.①广告设计—高等职业教育—教材 Ⅳ.①F713.81

中国版本图书馆 CIP 数据核字(2022)第 037592 号

创意方法

主　　编:韩　为

出版发行:上海交通大学出版社　　　　　地　　址:上海市番禺路 951 号

邮政编码:200030　　　　　　　　　　　电　　话:021-64071208

印　　制:上海新艺印刷有限公司　　　　经　　销:全国新华书店

开　　本:787mm×1092mm 1/16　　　　印　　张:8.25

字　　数:173 千字

版　　次:2022 年 8 月第 1 版　　　　　印　　次:2022 年 8 月第 1 次印刷

书　　号:ISBN 978-7-313-25861-8

定　　价:36.00 元

序

创意，本是人们始终膜拜仰望的高光，也是匍匐追寻的智能。

开放的中国用 30 年时间，借西方之师，凿壁引光输入品牌意识及整合传播。步入 2020 年时，中国已在自力建构的全世界最大的行动营销生态中，播放充满中国信心的创意作品，呈现一件件教科书级的创意案例。WPP 集团将世界级的创意专业资源灌注入创意教育，试图把创意从懵懂意识中开发点燃为一种能力。

创意的能力，是否与生俱来？能否被造就？又如何造就？

WPP School 是在这世代转型接口处的一个空前的教育实验。韩为先生在上海工艺美术职业学院担纲教师，10 年的商业拼搏竞技与一线教学的历练，是自我实现的高峰经验。于此期间，将广告创意的方法和技术梳理成书，更清楚地传递和解析创意思维的能量，便于院校交流与学习。

与其他文化创意比较，广告创意面对最残酷的时间压力考验：1 秒中决定眼球是否停留；1 分钟决定可否挤进人类 5～9 个短期记忆中。创意能力如此珍稀，于是吸引人们投入学习。一套系统而基础的创意流程与创意方法论，既可以作为创意教学的支撑，也可以作为学习者思维的起点。教材着重于创意发想技术的全面解析，教授如何将雨零星散的创意之光整合为精湛绝伦的广告作品。

董洽

2021.8.25

前　言

　　创意能力，无论广告传媒业界还是相关学界，都是经常被提及的核心能力。创意能力又常常和艺术设计、图形图像、审美等核心技能的边界挂钩，在学校的广告设计、视觉传达设计等专业教学中，这往往带来概念混淆和技能培养边界模糊的问题。比如，名为"创意图形设计"的课程，到底是着重培养学生的创意能力，还是图形图像的设计能力，或者是形式感审美能力？再比如，名为"广告创意设计"的课程，其核心内容是培养学生的广告概念创意，还是培养学生广告平面的设计与审美能力？这些课程名称都涵盖了"创意"这项能力的教授，但往往在制定课程标准和内涵时，各门课程的方法和重点都依赖于教师的个人经验，并没有统一对"创意"概念的认知。

　　而在广告传媒业已经非常成熟的今天，创意能力的内涵及创意的评判标准已经相当明确。对广告创意能力的边界做出清晰的划分，明确区别于设计与审美能力、设计的技术，可以有助于学生对创意手段的高低做出清晰的判断。对广告创意能力的内涵，教材梳理出了一套行之有效的方法论，有利于学生系统地学习和掌握广告创意的发想技术。

　　《创意方法》编写的目的，是希望能为视觉传达设计、广告设计制作专业提供一套广告创意的发想方法。教材适用于高等教育中视觉传达设计、广告设计等艺术类相关专业，也适用于对广告业有向往、对创意有兴趣的爱好者。教材分为七章，选取广告创意工作中的前期部分，即从创意简报解读到创意概念产出的工作流程的介绍，而这个部分也是教学中常常被忽视的部分，即如何解读、如何洞察、如何发想、如何表述创意。这一系列看似"务虚"的部分，却着实重要。只有在此基础上，图形图像设计能力、影像拍摄剪辑能力等视觉技术才能得以发挥作用。不然，所有的广告创意方案，便成了只有形式却没有内容的空洞作品。

　　教材总结了10余年的校企合作教学经验，梳理了一套4A广告公司中常用的发想工作流程。使用的案例不但包括世界著名广告创意方案，也包括合作办学中的优秀学生作品和获奖作品。编者将所涉及的案例进行分析拆解，将广告策略解读、消费者洞察、广告思维方式、广告概念、广告发想技巧等知识点分门别类，逐一阐释，从而避免学生在学习广告创意的过程中出现概念混淆、思维混乱和训练缺乏针对性等问题。

　　教材以典型广告创意工作流程为标准，结合著名广告创意案例，不但梳理了广告创意工作的流程，还把广告创意的发想技巧系统化、逻辑化，形成创意发想的方法论，让学生在学习创意设计时有法可用（怎么做）、有理可循（为什么这么做）、有例可凭（凭借什么标准做）。就此，帮助学习者形成独特的创意品位和明确的创意审美判断，并能帮助学习者做出"情理之中，意料之外"的广告创意作品。教材内容也在广告艺术类教育内容中，填补了广告创意方法论的空白。

教材主编系上海工艺美术职业学院，WPP 视觉艺术学院视觉传达设计专业负责人，从事教学工作前有多年品牌咨询公司、广告公司的从业经历。目前，所任教的 WPP 视觉艺术学院，是由上海工艺美术职业学院和全球顶尖的传媒集团——WPP 集团，于 2011 年共同成立的。WPP 视觉艺术学院与 WPP 集团旗下的奥美广告、智威汤逊、扬特品牌、群邑等著名广告公司，有长达 10 年的深度校企合作办学经验。

在合作办学的背景下，校企双方积极探索广告创意教学方法，思考如何将看似"灵光乍现"的创意能力转变为教学内容，将不可言说的创意发想过程形成标准化课程。在此前提下，编者所在学院、合作企业经过反复的教学探索，最终于 2019 年左右形成了一套创意方法论和课程标准，并且根据市场对广告创意的需求，进行迭代和延展。

目　录

第一章

对广告创意的认知

第一节　广告行业背景

一、行业纵览

广告创意到底哪些企业在创作？学了创意与设计的技能后，可以去哪里发挥我们的才能？哪些企业是业内的标杆？

职业教育离不开"职业"两个字，而职业的前提是行业。视觉传播设计与制作专业，主要对口广告传媒产业，其业态结构相当丰富，主要包括广告公司、品牌策划公司、数字传媒公司。这些企业是专门生产和传播以文字、图形、语言、影像、声音、数码、符号等作为形式的信息产品。

（一）广告传媒集团

在 20 世纪 90 年代初，全球著名的六大国际传媒集团陆续登陆我国：WPP 集团（Wire&Plastic Products Group）、奥姆尼康集团（Omnicom Group）、埃培智集团（Interpublic Group of Companies）、阳狮集团（Publics Group）、电通集团（Dentsu Group）、哈瓦斯集团（Havas）。它们为客户提供广告制作、市场营销、公关、网络营销、客户关系管理和咨询服务等。

其中，占我国广告市场份额最大的 WPP 集团，拥有 60 多家子公司，旗下包括著名的奥美、智威汤逊、传立、扬罗必凯等传奇式的广告创意公司，并制定了标准的广告创意服务体系，简称"4A"标准。其核心是为客户提供更标准、更有效的广告计划及作品。4A 的本义是 The Association of Accredited Advertising Agencies 的英文缩写，后延伸为客户服务一流、策略规划一流、创意执行一流、媒介运作一流的广告公司。20 世纪 90 年代 WPP 集团在广州、深圳、上海、北京等地开展业务，把创意作品或广告计划提供给各种品牌商，涵盖快消品、房地产、制造业等各行各业，为市场创造了品牌的增值价值。1996 年

11 月 1 日广州市广告行业协会综合性广告代理公司委员会正式成立，中国的传媒产业从此走上了标准化的道路。

从 1992 年第一家 4A 广告集团登陆我国以来，我国的广告业不断壮大，很多本土的创意人和设计师不断汲取跨国企业的运营优势和创作能力。于 21 世纪始，我国本土的 4A 广告传媒集团也陆续出现，其中包括著名的蓝色光标集团、广东省广告集团股份有限公司、昌荣广告集团等。它们都是业内的佼佼者，也都是符合国际 4A 标准的大型广告公司。

（二）创意热店

当代，随着电视媒体的衰落，广告的主要载体逐渐从电视转移到网络上，并且出现了另一种广告代理的生态——创意热店。

创意热店在运营形式上不同于传统的大型传媒集团，不是大批量、长时间地服务于某一类客户，也不依赖于主流媒体传播创意生产内容。但这类企业在近年广受追捧，因为它们的创意作品从某种角度来说，比 4A 的标准作品更出其不意，更新颖，也更符合各类不同生活形态的小众人群的喜好。在某种意义上，4A 把创意当产品卖（有标准），而创意热店把创意当创意卖（有个性）。它们创作各式各样的创意作品，且价格不菲。当然，这也归功于发达的网络传播时代，创意作品在网络上更受追捧，更容易传播，也更容易找到受众人群去体现其创意价值。

那么对于视觉艺术类专业的学生来说，这几种类型的传媒公司都专设了技能对位的岗位，让他们去发挥专业技能，实现自我价值。通常广告传媒类的企业包括策划部和创意部两个核心部门，这两个部门都是企业的核心竞争力。策划能力和创意能力是评判这类公司好坏的绝对标准。作为视觉艺术类学生，未来就业在创意部门，除了掌握基本的软件绘图技术外，最需要的就是能想出创意点子的头脑。大家从网络上、电视上、户外媒体上看到各种绝妙无比的广告创意作品，都是这些创意人的成果。

认知行业宏观蓝图，能够合理规划职业发展路径，也更容易理解创意设计工作的性质，并知晓创意的作用和价值。

二、技能对位与职位进阶

有必要强调一下相关专业学生就业的对位技能，以及未来在职场上的职位进阶路径，有助于大家规划自己的职业发展。

（一）实习生

创意部门的实习生（Intern）是学生毕业后的第一站，需要具备基本的现代设计审美能力，掌握各类图形图像软件及后期软件适用技术（PS/AI/PR/AE……）。这些图形、图像、影视的执行及表达力是进入行业的"门票"。要能够帮助专业设计师寻找设计参考，能够完成基本的排版和修图工作，也能参与创意头脑风暴的会议，交流想法和点子。所在部门的领导也会在此阶段检验你的设计技术和创意发想的潜质。其中，设计执行工作占据总能力的 90%，对创意的要求占比 10%。但是，这 10% 的创意能力决定了以后职业上升的潜力。

（二）设计师

创意部门的设计师，分为初级设计师（Junior Designer）、普通设计师（Designer）、资深设计师（Senior Designer）。成为正式设计师后，对技能要求的比重会有所不同，会参加更多的头脑风暴会议，了解创意前提和策略目标，当然还有大量的设计执行工作，这些都是设计师的日常工作。这个阶段就有机会使用自己的创意想法，能够独自或加入小组去完成一个完整的设计项目，熟练的技术表现和形式感审美能力仍然是坚实的基础。此阶段要求设计执行工作占比大约70%，对创意的要求占比大约30%。

（三）美术指导

创意部门的美术指导分为助理美术指导（Assitant Art Director，简称 AAD）、美术指导（Art Director，简称 AD）、资深美术指导（Senior Art Director，简称 SAD）。设计师进阶为美术指导后，大量参与创意头脑风暴会议；与文案工作者一同完成创意发想；与策略部门共同商讨创意简报（Brief）；协助创意总监制定创意概念；独立完成创意点子的发想；担任创意提案发言人；制定项目情绪板（Mood Board）；把握创意及设计的方向；训练指导组内设计人员；随时调整、修改设计执行的问题；把控设计执行的时间。此阶段要求设计执行和创意发想工作比重大约各占50%。

（四）创意总监

创意部门的创意总监分为助理创意总监（Assitant Creative Director，简称 ACD）、创意总监（Creative Director，简称 CD）。进阶为创意总监后，应成为具备市场营销策略及丰富的创意能力的全才，把精力投入在创意发想和把控项目进展上，同时参与经营公司的生意和运营成本的掌控。创意总监也是业务人员最佳的咨询对象；负责创意部门训练及素质提升；组织并参与头脑风暴；选出最具潜力的创意方案并进行精进和修正；与客户随时沟通项目要求和进展；与美术指导及时沟通创意点子；保证项目的表现不偏离创意轨道等。创意总监代表了企业的创意提案发言人、创意品质的最终负责人。在此阶段，几乎所有的工作都和创意有关，关于设计执行几乎不再接触。

可见，创意能力随着职位的提升，所占比重越来越大。如果说设计执行力是设计师的基本技能，那么创意就是职业进阶的保障能力，是岗位进阶的重要指标之一，能够决定职业生涯的终点。

三、著名广告大奖纵览

对于广告创意的质量有没有评价标准？又有哪些机构专门甄选优秀创意作品？

首先，创意质量有明确的标准。若一个从事创意工作时间不久的人员，会很难对创意的好坏形成一套明确的判断体系。这有点像学习美术的过程，一开始只知道画得像和不像的差别，随着绘画技巧和理解能力的提高，依次会注重造型、色彩、光影、情绪、态度、观念。那么创意也一样，简单地说，创意作品有一条铁律就是"情理之中，意料之外"。"意料之外"是要求创意者竭尽所能地做出让人意想不到的作品，这就像脑筋急转弯的游戏，让作品避免陈词滥调。因为好的创意是能引起消费者共情能力的作品，这是艺术的属性。对于消费者来说，观看创意作品是一种情感愉悦，只有满足了消费者的情感需求，才能引出广告产品。而所谓"情理之中"，则是对品牌或产品的宣传要求，创意作品必须做到与宣传对象的"符合"及"切题"。

其次，全球有多个著名的广告大奖，专门评比广告创意质量，甄选优秀作品。这些遍布全球的广告大奖，对广告创意有不同的评价侧重点，也在全球不同的城市和地区开办，但基本上都是依据"情理之中，意料之外"的创意铁律来甄选作品。由于这些奖项给出了创意明确的判断标准，作为创意工作者，就有了清晰的创意目标定位和创意品位判断。

（一）全球广告大奖

1. 戛纳国际创意节

1954 年由电影广告媒体代理商发起组织了戛纳国际广告节，该节日来源于戛纳电影节，就是希望电影广告能像电影一样受到人们的瞩目。其中，最引人关注的就是戛纳广告奖。自 1954 年后，戛纳同威尼斯轮流举办此项大赛。1977 年戛纳正式成为永久举办地。1992 年组委会增加了报刊、招贴与平面的竞赛项目，这使得戛纳广告奖成为真正意义上的综合性国际大奖，也使得戛纳国际广告节更加惹人注目。

戛纳国际广告节于每年 6 月下旬举行，主要活动为评选、颁发戛纳广告奖。广告节期间各国广告代表来访，其他各界来宾亦云集于此。客户、制作公司、策略部门、创意团队在此开设一系列的交流会，研讨专业，商洽业务。自 2011 年起，戛纳国际广告节正式更名为"戛纳国际创意节"。主办方将戛纳国际广告节的定位由国际广告节过渡到国际创意节，由过去的广告界盛会，向允许任何形式的创意成果传播的展示平台转型。戛纳国际创意节素有"广告界奥斯卡"的美誉。

可以说戛纳国际创意节是每个广告人的终极目标，被称为广告界的"金狮"。该奖是对创意人的最高认可，其作品也是所有广告大奖中含金量最高、最注重创意的。我国已有多位创意人数次夺得金狮，也说明我国广告工作者的创意能力越来越专业，并得到各界认可。

2. D&AD 黄铅笔创意广告奖

该奖的影响力仅次于金狮，是由英国主办的创意大奖。主要作品来自欧洲各大广告代理公司，每年举办一次。尤其值得注意的是，该奖项为了营造公平竞选的环境，将职业组和学生组区分开来比赛，促进了很多学习创意设计的年轻学生参赛，为年轻创意者提供了学习交流的平台和发展机遇。

3. 亚太创意广告节

该奖是针对亚太地区的广告大奖。因亚太地区的视觉文化有较为统一的特征，审美取向和欧美国家略有不同。就像在绘画中，若把西方的油画和东方的水墨放在一起评比，是没有可比性的。所以，亚太广告奖更容易让我们东方人产生共情。

当然从国际范围来讲，还有很多大奖，比如 EPICA 欧洲国际创意奖、克利奥广告奖等，但是以上三项大奖是专门评判创意能力的奖项，其评审的核心着力点在于创意质量，而如克利奥等广告大奖，会同时衡量作品的执行能力。所以，作为我们以创意为重点的课程，就以了解以上三项大奖为前提，着力点在创意能力上。

（二）本土广告大奖

1. 中国广告长城奖

由中国广告协会主办的长城奖，始办于 1982 年，历经四十载的不断发展和积淀，是在我国历史上最悠久、规模最大、影响最广泛的广告奖，评选中不仅仅是总结年度内创意、制作方面的得与失，最重要的是从获奖作品中唤醒广告人的记忆，指明广告创意、制作人的前进方向，使此奖成为真正专业的、完全公正的、最权威的奖项。

2. 中国公益广告黄河奖

中国公益广告黄河奖由中国广告协会主办，旨在营造和谐的社会氛围，树立良好的文化道德和社会风尚，聚焦公众关切的问题，引发社会思考与集体共鸣。中国公益广告黄河奖是评选年度内免费发布的宣传人类文明道德观念、提升社会文明程度，并获得良好社会效益的公益广告作品。

3. 全国大学生广告艺术大赛（以下简称大广赛）

广告设计专业的学生对大广赛并不陌生，大广赛是由教育部高等教育司主办、教育部高等学校新闻学学科教学指导委员会组织、中国传媒大学与中国高等教育学会广告教育专业委员会共同承办的唯一全国性高校文科大赛。大广赛将专业教育、素质教育和职业教育贯通，空前扩大了广告教育的辐射力和影响力，拓展了广告教育的内涵。

大广赛旨在提高大学生的创新精神和实践能力，激发大学生的创意灵感，促进大学新闻传播、广告、艺术教育的人才培养模式的改革。同时对于课程设置、教学内容和教学方法的与时俱进，起到了推动作用。赛事的举办极大地提高了大学生的动手能力、实践能力、策划能力等综合能力。

4. 时报金犊奖（以下简称金犊奖）

金犊奖是全球华人地区规模最大的学生广告评选活动，每年都有来自世界各地的学生参与。金犊奖共设十大类奖项，分别为平面广告类、电视广告类、网络广告类、广播广告类、技术类、行销企划类、动画广告类、插画类、装置艺术类、人物品造型类；另设最佳文案、最佳美术、最佳原创、全场大奖等四个大奖。

第二节　对广告创意的基础认知

一、广告创意是什么

广告创意，就是以帮助品牌扩大知名度、拓展市场为目的，而进行的一系列活动推广和内容传播。优秀的广告不仅吸引目光，更能将品牌最吸引人的卖点最大化，从而有针对性地对受众进行品牌和产品宣传。

本书选择平面和影视两种传播形式进行创意方法的教学，两种形式在发想方法上不但有共通处，而且就目前媒体环境来说，仍是传播范围最广、传播效率最高、传播成本相对较低的广告形式。

二、如何判断广告创意的优劣

通常我们从两个层面来判断广告创意的优劣。

第一个层面是创意的思维方式:该广告以何种创造性思维来表达主题,阐述广告内涵的视角是否具有吸引力和说服力,能否使消费者产生兴趣并最终促成消费行为。

第二个层面是创意的营销实效:广告对传播主体的描述和渲染,应该基于广告人对市场、产品和目标人群的调研分析,并且服从于以营销为目标而制定的创意策略。创意,最终是为了销售服务。

广告的本质是沟通,因此广告创意则是对传达方式的选择,思维方式与营销实效互为表里、缺一不可。广告对品牌、产品的精确定位和有效传播,是与消费者产生沟通的必要条件。若上述两者不能同时满足,便无法实现销售。我们通过电视、网络、户外等媒介载体接触过不少具有创意的广告。有些广告创意令人过目难忘,也有些作品创意平平,甚至画面只是单纯的产品图像。那么可以说这类画面是最浅表的展示,并没有起到对产品的定位、功能、特点或其他诉求的深层沟通。

大家熟知的就是海报这种静态画面,它可以在移动媒体、户外装置媒体、电视媒体等多种媒体上呈现。这个表现形式的静态画面主要也分为两类。

第一类是主视觉海报。它承担的功能比较简单,即呈现品牌的产品样式、强化品牌调性。在地铁的广告栏里、大型活动的路演现场等处,看到的大量关于品牌的海报都属于主视觉海报。严格来说,这并不是创意,只是一种视觉效果的展现。

第二类是创意海报。它所承担的功能就比较广泛。对品牌方来讲,需要提升和强化品牌态度、强化产品特性和功能、精准找到消费群体。所以,创意海报不仅仅是一个简单的视觉展现,它起到强化产品功能、拉开竞品差异、深入表达品牌诉求的作用。如果创意者对品牌或产品的了解仅仅停留在非常表面的层次上,是不可能做出好的创意的。

以上以平面海报的两种不同形式为例,是从两者所承担的功能角度进行区别。创意作品,不只是停留在视觉展现层次上的产品宣传,也不只是通过视觉形式对消费者的"告知"。

主视觉广告作品就是告诉消费者:我有这个东西,长这个样子,是这个颜色。而创意广告作品,旨在展现品牌或产品的特点是什么,或能帮消费者解决什么问题,或让消费者感觉到非常需要这个产品。这两者表达内容不一样,需要的工作能力和工作方法也有差别。所以,创意的价值不仅仅是展现产品形象,而是要击中消费者内心的"某个开关",让受众产生情感共鸣,从而做出消费行为,并成为忠实用户。

三、成功创意的三要素

(一)原创性

信息爆炸时代,创意作品的保鲜期非常之短。不需要多久,再新颖的创意都会变得过时。所以品牌需要不间断地打造自己,用新鲜的创意更新品牌在消费者心中的认知。在这一维度上,只有独特、原创的创意才能再一次激活受众的新鲜感。如果一则广告从形式到内容都没有自己明显的品牌个性,有的只是其他品牌或自己过去的影子,那么它的发布便是消亡的开始。

（二）震撼性

广告的震撼性或冲击力，指的是广告创意通过独特的视角、出色有趣的见解和高超的表现技艺，带给观众强烈的感官感受，形成震撼力，强烈吸引消费者。独具创意性的广告往往更容易引起受众的关注。无论创意形式、内容还是视角，只要你的广告具有这类特质，那么品牌或产品同样会在潜移默化中深入人心。

（三）相关性

所谓相关性，就是"情理之中，意料之外"的创意原则。而"情理之中"是创意最终的落点，一定把创意的最终效果落在品牌或产品的诉求上。"意料之外"是指创意发想的"风筝"要放得又高又远。我们经常看到不知所云的广告，即使整体风格统一、文字画面协调，但就是无法与它所描述的品牌或产品联系起来，这些就是跑题的广告。广告传播主体和广告创意，必须拥有内在联系和整体性，这才是创意最好的状态。

原创性、震撼性和相关性，这三点是决定创意能否成功的重要因素。在传统广告时代，它们是成功创意的标准和优秀创意的不变定理。然而，经历了广告媒体的变迁与进化，消费者的口味也变得越来越挑剔。那么，这三个要素在当下的媒体环境中还适用吗？答案是肯定的。这三个因素，针对的是受众，而非媒介。无论在传统媒体时代，还是在新媒体时代，创意的吸引力依旧在于它的原创性、震撼性、相关性。唯一不同的是，传统媒体广告吸引路人驻足观看，而新媒体广告时代则能让观众们停下滑动的页面、点击链接，进而完成购买和分享。

四、广告创意的分类

（一）从创意作品形式上进行分类

1. 平面创意海报

之前已经和大家做过区分，并不是所有平面海报都具备创意特质。创意海报有其独特的角色，承担不同的功能，承载不同的信息。这里就不再赘述，可参考上文。

2. TVC 广告创意视频

特指以电视摄像机为工具拍摄的电视广告影片。从电视盛行的年代，到现在的网络时代，它都是主流的表现形式。影视广告作品的创意往往以讲故事的方式导入，最后关联品牌或产品诉求。这种创意的方法，也是学习的重点。

3. 网络创意视频

网络创意视频和传统 TVC 广告有很多相同的地方，其创意本质也是相同的。与传统 TVC 广告相比，创意者会在广告时长和媒介投放等问题的考虑上有一些区别。如传统的电视媒介，广告时间段的价格高，时限短；而网络平台的投放时间长，成本低。基于网络媒介特点，网络广告的制作技术也得到发展，如交互技术的参与，又如连载故事广告和微电影广告。总之，网络创意视频与传统 TVC 广告一脉相承，其承载的功能也基本一致，无非在载体和形式上有一点差异。

（二）从广告功能上进行分类

1. 公益广告

公益广告往往关注社会问题，积极撬动大众参与到各项社会活动中。比如戒烟广告、环境保护广告，以及提倡文明生活、遵守法律法规等内容的广告都属于公益广告范畴。

2. 品牌广告

品牌广告和产品广告不同，品牌广告不是具体的某一样实物，品牌本身就是一个抽象的"观念"。很多广告影视和创意海报，致力于提升品牌形象，强化品牌态度，升值品牌资产。

3. 产品广告

产品广告也是我们创意设计从业者接触最多、最频繁的项目。广告委托方出了一款新产品，需要推上市场，那就需要我们对该产品的功能、特性、使用人群、差异化，甚至是制造技术都有一定的了解。这种深入的对产品的了解，有助于我们找到强而有力的创意切入点，是我们创意设计的前提，也是我们创意设计的主题。这样，受众可能在接触到新奇的创意时，直接知晓了产品的功能或有关诉求。我们就把这类创意称为有效广告。

（三）从广告表现技术手法上进行分类

1. 平面设计技术

这是最常用的技术，以往最为多见的纸媒载体、户外媒体都使用平面技术制作。当代也延伸到电脑和手机的屏幕上。

2. 动画技术

2D 或 3D 动画技术，这类技术生产的动画形象比较有亲和力。动画内容都是比较动人的"小情调、小清新"内容。容易接近消费者，也容易接近各个年龄段的人群。

3. 影像摄制技术

这类技术总的来说都服务于影视类广告。在传统媒体时代，影像技术的摄制需要较高的成本和专业的器材。但在如今硬件发达的时代，这些已经不再是门槛，任何人只需要一台手机，便能完成影像的录制和剪辑。若你有好的创意，便能立刻制作一支有创意的广告。

4. 动态特效技术

在影视类广告中，这类技术区别于动画，它不需要完整的故事逻辑，而是基于视觉效果的品牌传播。利用高超的影视动态特效来制作炫酷的视觉效果，往往在情感上容易得到受众的共鸣。超炫的视觉技巧，能让受众享受视觉盛宴。这类广告片的制作成本高、制作周期长、技术门槛高，适用于大品牌的形象推广。

5. 网络交互式技术

这是基于信息交互的一种视频方式。而交互技术可以让消费者深刻参与到广告内容中。比如利用游戏交互的方式，可以让消费者通过游戏去进一步了解产品。这类广告的后期制作成本较高，因为同时需要至少两个团队的配合，即程序技术团队和内容创意团队。目前来说，全球各大广告奖也设立了交互广告专栏，来鼓励新媒体环境下的新型表现形式。

（四）从广告创意调性上进行分类

广告创意的调性是指广告的情感性，广告本身是带有目的的，即销售产品或推广品牌，消费者也深知这点。若创意人员在广告的调性上没把握好，就难以引起受众的情感共鸣。要把广告当作娱乐去做，才可能吸引观众眼球，如搞笑型、荒诞型、紧张刺激型、温馨感人型。这种分类是基于观众"要看什么"，或是猎奇心态，或是寻求刺激。我们要承认，从大众视角出发，晦涩而深刻的内容并不利于传播，若广告的调性沉闷无趣，也没有人愿意看。广告，要贴近受众的审美取向与生活状态。

五、创意作品的呈现结构

对于很多初学者来讲，创意作品展示的只是一个画面，或一段视频，又或一个装置作品。初学者一旦接到题目，从模糊的认知中开始摸着石头过河，有时灵光乍现，有时又陷入迷思。这是我们通常面临的问题，最大的困扰则是做创意不知从何处下手，到底要抓住什么，又要从哪个部分开始。我们有必要去解剖组成作品结构的三部分。

（一）故事/图像

无论是平面海报还是影视广告，首先接触到的是故事，也就是画面中的图像内容，这是占整部作品面积最大或时间最长的部分。创意作品中吸引人的故事不是品牌或产品的图像。试想你要做一个吸尘器广告，于是你就把吸尘器放在画面中间了；或是一段视频，一个家庭主妇正在吸尘，影片这么开始，然后这么结束，没了。这哪里是创意广告？我们看到创意作品，首先看到的故事是重点，不是产品，甚至很多广告是不出现产品图像的。这就是我们看到的第一部分：故事。

（二）文案/广告语

随着一部广告片慢慢接近尾声，或者随着一个平面作品展开，故事讲完了，你似懂非懂，此时影片或画面中出现一段话，读完这段话，你突然明白了前面看的那个故事的某种特定含义。它可能是一个形容词，也可能是一句感人的话。差不多到这个时候你揭晓了故事的谜底。这句话就是广告语（Slogan），它点亮了观众的大脑。

大多数情况下，若只看画面，或者只看视频，不会明白故事里的"要点"，当读到这句广告语时，要么清楚明白了，要么为之动容，要么被逗乐，要么觉得惊奇。总之，你是通过这句话明白了前面故事中所讲的一切。

学习视觉设计专业的学生，容易忽略文字表达。打开电脑就作图，拿起相机就拍摄，这是一个严重的错误。真正好的创意点，就在这文案上，它是一段精练的文字，既链接了故事端，又链接了产品端。这才是我们最需要去动脑创意的点。画面也好，视频也罢，都是围绕这个点的描写。这个点就是创意的点子，没有点子就没有故事。相声中通常讲要把笑点放在最后，叫"抖包袱"，前面的故事描述都是为了最后的"包袱"做铺垫，当听众听到最后那个"包袱"被抖出来的时候，哄堂大笑。若是把做创意和说相声做比较，创意作品的广告语就是这个"包袱"，让观众明白要讲的到底是什么。创意作业过程中，这步工作往往是最花时间进行精练的核心部分。

（三）品牌/产品

一般在广告影片或创意作品的最后，都会出现真正的产品图像。客户看了故事，懂了点子，是时候告知他们，最后的目的是什么了。于是出现了广告传播主体，在画面中占最小比例，放在角落；或在视频中放在最后，大约定格 3 秒钟。可见，各位学生起初做了半天的工作——展现产品图像，在创意工作中只占最小比例。

当这三个部分【故事、广告语、广告传播主体（品牌或产品）】相互关联在一起时，便称为创意作品。当这三个部分相互融合，作品才能让受众看懂创意点到底是什么，商家到底卖什么。一般来讲，这三个部分都不可或缺，缺少任何一个，都会影响对创意的理解，造成误读，影响传播。

第三节　广告创意的工作流程

本节将介绍标准的广告创意工作流程。广告传媒业是非常成熟的行业，用项目化管理组织和运营整个创意项目，是对创意产出的有效保障。那么在我们接到命题，一直到创意作品投放的整个工作过程中，业内标准化作业是如何进行的？

一、创意前期发想

（一）解读创意简报

创意简报就是策略单，是由策划部门撰写的。在实际工作中，策划部门已经为客户制订了广告投放方案，也基本确定了广告委托方需要创意部门推广的传播主体是什么。就此，策划部门会撰写策略单，其内容包括客户的创意需求、数量、规格、投放媒体等，也包括部分客户的品牌或产品的信息。但是，不同的策略人员对广告委托方的了解各不相同，所以策略单的内容和广告委托方的要求可能会存在偏差，或是没有真正阐明诉求。这就需要创意团队对策略单进行再解读、再理解、再提炼。这是创意团队的第一步工作，给我们创意明确的方向，只有深刻解读了策略单，并进行了严格审查，才能确定创意的切入点。

（二）研究客户诉求

研究客户的诉求，就要对广告传播主体进行深入的调研。创意人员的调研特点，不是"面"上的工作，而是对精确"点"的调查研究。不同于策划部门的"排兵布阵"，而是对品牌或产品的功能特点有深入把握。可以通过网络和实地走访进行调研。对于创意工作者来说，更多的实地走访与客户交流非常重要，这样更容易发现被其他人忽略的需求，对创意工作有很大帮助，为创意发想打下基础。

（三）研究消费者洞察

对客户调研后，就要去分析和理解产品受众人群。谁会喜欢这些产品特点？人们为什么会喜欢？这些人的消费习惯是怎么样的？他们的生活习惯和收入状况又是怎样的？他们会被哪种情感打动？……学会提问，就得从调研中得到答案，很可能我们的创意点就埋藏在假设的问题里，躲在消费者的行为习惯里。在下一章的"消费者洞察"知识点里，会展开分析和介绍练习方法。

（四）出概念或出点子

通过一系列的研究工作，创意团队对广告传播主体和目标消费者已不陌生。明确客户目标；了解消费者心态，发想创意概念和创意点子。这步工作，可以说是整个创意工作流程中最为重要的部分，是工作链的核心。通常创意项目搁浅就是因为想不出点子。创意发想工作，可以单独完成，也可能汇集团队的智慧，以头脑风暴会议的形式讨论完成。但不管是用什么形式想点子，好点子的生发和前面工作是否深入密切相关。若忽略了之前一系列步骤，发想就没有了素材来源。

（五）出草图或分镜头脚本

创意点子形成后，就要着手把创意表达出来。表达创意用完整的草图或分镜头脚本，避免口述。直观地把想法勾画出来，一是团队自己对想法得以检验，二是可以得到客户对创意方向的确认。若是存在方向错误等问题，可以及时调整，不至于进入执行工作再回头返工，避免极大的成本浪费。在影视广告中，分镜头脚本就是起到这个作用。所有的拍摄执行工作都是根据脚本进行，清晰的脚本表述决定项目预算和各项投入。到了这一步，就是本教材需要研究的主要内容，即着力于创意前期发想这个工作环节。

二、创意中期执行

（一）设定情绪板

有了创意点子之后，由创意总监设定作品形式感。把握作品整体风格，确定使用什么节奏、什么音乐、什么配色方案、什么视觉造型、什么排版样式……为以后的出品定下了基调。这就是情绪板，决定视觉要素和整体作品的形式、方向。

（二）拍摄取景

根据分镜头或草图，到各地取景。若是影视作品，更是需要道具、演员、场景等相关工作配合。

（三）设计制作

待素材拍摄和收集工作全部完毕，才会动手进行设计。这就需要熟练使用各类视觉表现软件，根据情绪板和草图还原最初想法。影视作品还会涉及更多的影音技术，如配乐、配音、动画特效等，都属于这个环节。

（四）完稿/按规格输出

完成作品后，必须进行严格的校对和输出，清楚知道将要投放载体的大小尺寸，或是媒体格式，这部分工作影响到作品最后呈现的质量，比如是 4K 画质的影片，还是 1080P 的影片。就此，我们的创意执行的中期工作基本完成。

三、创意后期落实

（一）提案/客户审核

后期工作中最重要的是提案工作，若条件允许，在校期间可专门开设提高提案表达力和表现力的课程。若是因为创意团队没有良好的表达能力，缺乏与客户的良性沟通，最终影响了好想法的落实是非常可惜的事。"卖稿"对获取项目来说至关重要，提案的意图是让客户清楚了解创意思路和其精彩之处。很多时候，提案工作会决定一部作品能否成功变现。

（二）媒体投放

最后，通过审核，在事先确定的媒体平台上进行投放，如电视、地铁广告、网络媒体平台等。

四、广告案的短跑接力赛

广告案的产出，像是短跑接力赛，不是长跑马拉松。所谓专业度，就是我们每个职位的范围和深度。每个职位的工作人员各司其职。策划人员负责营销策略计划，创意团队负责创意发想，后期制作团队负责完美的执行实现。如果策划人员去想创意，创意人员先去拍点东西来看看，整体流程混乱，一定会导致创意流产。只有各个职位的专业人员清晰、完整地做好自己范围内的工作，把结果交到下一棒的专业人员手上，才能确保整个广告案的顺利产出，得到完美的创意作品。

但是这个说起来容易，无论在业内工作，还是在学校实践练习，大家都会出现"篡位"现象。比如，创意人员为了拓展自己的发想范围，会不经意地篡改策略单内容；执行人员为了视觉效果，会篡改创意方向。最后，导致各个工作环节反复地做无用功，流程混乱，致作品搁浅。把直线进行的工作流程，变成循环往复的死循环。

如何避免流程混乱？关键还是需要我们创意团队有足够的方法和能力去接过策划人员的接力棒，且产出明确清晰的"大创意"，创意结果以文字脚本或分镜头脚本的形式交接给执行团队。而执行团队需要做最后的创意成品，并通过创意人员的检验。在多数团队里，比如学校实践小组或小型广告公司，创意发想和执行很可能是同一批人员。那么，就需要明确哪部分是创意环节，哪部分是执行环节，避免工作重复。所以，作为创意环节的工作来说，要有足智多谋的问题解决方法和明确的创意成品想象，这些能力都是创意岗位专业度的体现。

"戴着脚镣跳舞"，还能完成高难度舞蹈动作，才是体现了舞者的水准。创意工作者就像这样的舞者，受限于客户要求、策略方向，又受限于工作时间、执行表现，实际工作中甚至还会被预算限制，这些都会成为创意发想的绊脚石。但也正是如此，才能体现出创意人员的才华。优秀的创意者是用四两拨千斤的功夫、举重若轻的创意能力，产出意想不到的创意效果。这取决于平时的苦练、思考、累积，是我们追求的能力目标。

在实际工作中，客户方、策略组、创意组、执行组、广告投放组需要紧密配合才能按时、流畅地完成整案。但由于每个项目不同，也可能遇到策略组新手，或者执行新手，对于自己的"交接棒"工作不清晰。每个工作到底要做到什么程度才算完成？新手心里没有清晰的概念。那么很容易造成我们创意"越界"，去干涉其他团队的工作，这时候创意团队需要明确自己要接到什么"棒"，及时向策略组提出，也要专注自己的创意结果，在没有清晰的创意结果前（草图、脚本、文案），不能笼统地交给执行人员，造成执行方向混乱。这样很容易把"接力赛"变成"长跑"，导致大量的无效工作。

每个项目中各环节比重不相同，有的策略比重高，有的要看执行表现力。但是无论如何，广告公司核心竞争力一定是创意点子。所以，创意作为核心要素，在广告公司不可或缺也不可替代，是前后链的纽带。可以说，没有创意就没有广告。

五、要在时限内完成创意方案

到这里，我们已经比较清晰地介绍了整个创意工作流程：从接过策略单到投放的整个过程。也就是说，绝不可能拿到题目就直接打开电脑作图。创意流程是严格管控时间和质量的流程，并且有明确的广告主体和诉求内容，和我们平时的艺术创作不一样，这是设计师和艺术家工作性质的区分。

有人会说："创意点子能不能想出来，是控制不了的事。"在这里可以明确的是：为创作规划时限，是有效的工作方法，可以逼出好创意。习惯了有时限的工作约束后，反而会有更多的点子和更好的作品，是对工作效率的保障。可能不同广告案的工作总时长不一样，但一般情况下，创意工作几乎占据整个工作时长的三分之一较为合适。为创意工作规划时限，可以让捉摸不定的思维过程逐渐成为得心应手的工作流程。

第二章

创意概念的确定

第一节　创意简报的解读

广告创意简报（Creative Brief）是指在广告公司内部作业环节中，被以统一格式的文字表述出来的一种文件，它是用以指导广告创意活动的指引性策略，也被称为广告策略单。

在学习阶段，策略单会以老师布置作业的主题和规格呈现。一般来说，实践作业的策略单形式，可以参考历届"大广赛"策略单发布。撰写策略单并不是创意者的主要工作，但读懂策略单，可以说是创意工作的第一步，直接影响了发想的起步。某些情况下，策略单可能存在描述含混的状况，需要创意团队进一步地提炼和描述工作，让我们的工作更明晰。

一、这个广告能做到什么

真实的市场营销行动中，包含了产品、价格策略、销售渠道及广告传播，广告只是其中的一部分，因此我们应该从策略单中总结得出：本次广告创意应该解决的是什么问题。千万不要和营销的市场目标搞混，例如增加市场占有率，卖出一百万箱苹果。这不是单靠广告创意能够达到的，需要界定清楚。

而在策略单中，关于此广告创意能做到什么的问题，可能回答是能否让现有消费者安心？能否说服仍有疑惑的人？能否让新的消费者信服？是否需要将竞争产品的消费者转移过来？是否需要提升消费者欲求？诸如此类的问题。这些才是广告创意的目的，而不是某个数据。

二、诉求对象是谁

"20~40 岁中产家庭妇女""爱潮牌的都市青少年"，这些看上去惯常的描述，可能是无效的，在这些语句里只有数据和空洞的形象。对我们做创意的来说，必须进行精准且真实的描述。所以，需要用生动的文字，来介绍这些具有代表性的人物。

描述消费者必须集中焦点，宽泛的消费形态描述会让创意人无从思考，抓不到重点。要清晰描述消费者的生活形态、需求、态度、期望、担忧以及对商品的看法，清楚地区别消费对象是既有消费者、忠实消费者、流失消费者还是其他什么类型。

三、消费者会如何看待及描述此品牌

不要从品牌方的角度或用专业术语去描述。"某某品牌为你提供了一段美好时光和好口味。"这绝不是消费者的说话方式。应该使用真正的"消费者语言"，尽量真实清晰。任何一个品牌都有产品功能加上品牌印象产生的品牌价值。而品牌价值正是和消费者的链接点。每一个品牌也都有它的实质利益点，隐藏在品牌价值中，可能是功能，也可能是印象。而利益点是品牌价值的基因，也是完成消费者沟通的基调。

比如："某某啤酒口味好，喝多了也不会太担心，因为它不会像其他啤酒感觉负担沉重、头晕眼花，也不会担心有啤酒肚。"再如："经常头疼，某某止痛药像一种依靠，家里常备，给我安全感，像一种关怀。"这样的消费者描述已经给创意打下很好的基础，是真实动人的东西。

四、这个广告的单纯信息是什么

广告的诉求重点，只能有一个，且越长越无效。若无法删减到单点诉求，需要和品牌委托方协调后，重新确定。不但消费者不会花时间关注多点诉求，创意发想中也不适用多点诉求。比如："某某啤酒喝了不会有啤酒肚""某某汽车成熟稳健""某某相机相逢即快乐"。这些都是极其简单的信息，是发想的前提。

在实际工作中，原则上是由策略组负责人撰写策略单。但是，创意人员必须把握策略单中的事实，去重新整理、提炼这几个重点。避免含糊不清，要为自己的创意工作打下基础，开拓更多可能的发想路径。

第二节　创意对象的区分

创意对象，在实践中经常发生误判。即策略单中到底是品牌主张的输出，还是产品功能的传播。新手往往易忽略两者的差异，最后造成创意流产。搞清楚这两点有利于做创意不走弯路。本节将区分品牌和产品的定义，以及两者在创意实践中的区别。

一、什么是品牌

品牌分为广义和狭义两种。

（一）广义的品牌

广义的品牌是具有经济价值、人文价值的无形资产，用特有的心智概念来占据消费者的心理位置。

举个例子来说，苹果公司的品牌标志，只是代表品牌的符号，并不能从这个符号上解读出全部品牌内涵。关于苹果品牌的解读，有一个角度是"未来科技之美"。我们知道苹果公司所有的产品都是围绕着"创造未来之美"而设计的，无论是它的软件还是硬件，在数条产品线和无数品类的设计宗旨上，都紧扣这个主题。消费者在使用中逐步发现并认可这种美感。苹果的产品若从硬件设备上讲，和其他电脑品牌并无明显技术差别，但价格却要高于同类产品，可有些消费者就是买账。他们是为了苹果品牌价值"未来科技之美"买单，并不只为单纯的功能。这就是非常成功的品牌资产，能够实打实地看到经济价值。

（二）狭义的品牌

狭义的品牌是一种拥有对内、对外两面性的"标准"或"规则"，是通过对理念、行为、视觉、听觉四方面进行标准化、规则化，使之具备特有性、价值性、长期性、认知性的一种识别系统总称。这套系统我们也称为 CIS（corporate identity system）体系。这里所谓的狭义，就是把品牌态度和调性具体化，具体成一种能够通过我们感官让大众感受到的"形、色、体、声、行为等"。

比如，全球著名的迪士尼乐园，它的品牌价值概括来说就是"让童话变成现实"，围绕着这个价值，迪士尼在 CIS 上花了一番功夫。当游客离乐园还有一段距离的时候，就能闻到一股浓浓的糖浆甜味，这是一种专属的甜味，是园内的冰激凌店铺专门调制的香甜气味，如美梦般甜蜜的味道，可以说是迪士尼为品牌打造的第一步嗅觉营销。进入乐园中，所有工作人员都扮演着影片中的童话角色，无论他们是售卖物品还是售票，都不会因为工作而"出戏"，完全沉浸在自己所扮演的角色中，这是行为营销。气味、行为、视觉等一切感官体验都围绕迪士尼的核心价值服务，打造现实中的童话世界。你可能会发现娱乐硬件并不特别，许多游乐园都有模仿。但游客来迪士尼并不是单纯体验硬件的刺激，更多的是为品牌打造的童话世界买单，是来体验童话之境。

再如，无论哪个城市的星巴克，员工为顾客服务有统一的规范，员工向顾客问好有统一的口吻，从下订单到取餐有统一的流程。这是星巴克的营销战术，更不用说视觉和口味，都被严格的标准规范。门店选址围绕着"办公室人群的休闲咖啡厅"布局策略，基本集中在城市商务片区。消费者一定没见过它像肯德基一样，选址在居民片区。这就是因为两者有不同的品牌经营战略，才体现出全然不同的门店选址战术。

至于品牌标志只是狭义品牌的一个视觉符号，是对品牌内涵的一个视觉代表。并不是说设计了一个标志，就是设计了一个品牌。品牌战略远大于品牌标志。

二、什么是产品

产品的概念比较简单，是指作为商品提供给市场，被人们使用和消费，并能满足人们某种需求的任何东西。不过要注意的是，产品也分为广义和狭义两种。

（一）广义的产品

广义的产品除了可以是有形的产品外，还可以是无形的服务。比如"保险产品""金融产品"等。创意作品，就可以理解为产品，是由广告创意人的劳动所得，提供给品牌委托方，满足委托方推广和宣传需求。我国的第三产业正处在快速发展阶段，包括影视、游戏、信息服务业。这些无形产品和有形的实体产品一样，都需要拉开品牌和产品差异化，寻找特定消费群体。

（二）狭义的产品

狭义的产品仅指符合定义的有形产品，用的电脑、喝的咖啡、吃的汉堡、住的房子都是产品。即使在产品功能一模一样的前提下，不同消费者也会有各自明确的品牌选择，这就和广告有密切的关系了。

三、创意工作时两者的差异

上面把品牌和产品进行了区分，在着手创意工作前，必须分清楚两者的差别，再来确定我们的创意方向。

（一）品牌的创意方向

若是一个品牌需要做推广，就不是对具体的产品功能进行宣传，而是为了在消费者心里建立起品牌价值。而品牌价值能否成功建立，不是仅靠展现产品就能完成的。品牌价值，包含了相关品牌的独特文化意义，是抽象的。

举例来说，瑞典绝对伏特加酒的品牌核心价值"纯净、简单、完美"的概念，在瓶形和视觉设计上已经得到充分体现。但要建立伏特加市场的绝对地位，就需要在不同时间，对不同地域有针对性地制订营销计划。绝对伏特加酒选择与不同国家的当地艺术家进行合作，深入当地民族特色的文化，采用品牌文化和当地特色结合的品牌引入方式。在我国，与艺术家联名款"西游记—斩妖除魔"系列得到热卖，恰如其分地切进我国年轻人市场，制造了一波热度。《西游记》和伏特加酒之间有什么联系？每一个消费者都熟知《西游记》里唐僧师徒斩妖除魔的取经经历，是勇敢、智慧、坚毅等种种文化内涵的集合体，可以说是我们这个民族的集体认同，是超级 IP。而绝对伏特加品牌内涵犹如基础款，和《西游记》这个超级 IP 做嫁接后，提纯了它的文化价值，提升了消费者的认知。伏特加是蒸馏酒，对于我国早期的普通消费者来讲并不熟悉，如果用产品工艺或口感来攻克市场，几乎没有胜算，所以选择了品牌与本土文化嫁接的营销手法，的确事半功倍。

再举个例子，肯德基和麦当劳，大众习惯把肯德基和麦当劳放在一起比较，因为两者是一种快餐经营模式，但这两个品牌各自留给消费者的品牌印象是不同的。肯德基进入中国市场较早，根据当初对中国市场的定位，门店选址在居民集中的地方，有些甚至会深入小区；装修的视觉策略，基本围绕家庭式聚会；产品起名为"全家桶"。这一系列的营销定位，正是告诉消费者，肯德基是一个非常贴近老百姓生活的品牌，接地气，有亲和力，走"家庭亲情"的路线。而麦当劳为适应中国市场的发展，吸引新市场的目标客户，营销定位从家庭转变为 35 岁以下的年轻消费群体，逐步成为办公室年轻人群的快餐，近几年也刻意淡化麦当劳叔叔的形象。在美国的本土市场，麦当劳品牌调性也有阶段性和多面性，偏向于家庭、母子的市场定位。这些品牌都在不同程度上与本土文化对接，但是从产品上讲，从开始到现在几乎没有太大变化。

著名品牌农夫山泉，我们都知道它的广告语是：农夫山泉有点甜。很多人会误以为这是对产品特点的宣传。难道农夫山泉的矿泉水是甜的吗？显然不是。这句广告语是它的品牌调性和主张。这里的"甜"，是对生活的比喻，是生活的甜味，潜台词应该是：选择了农夫山泉，便是选择了甜美的生活方式。

品牌广告，大多是和产品功能无关，推广的是品牌主张，其中包含价值、态度、观念等抽象要素。一般来讲，做品牌推广的广告主有两个特征：一是体量大、已占据一定市场份额的企业；二是产品同质化严重，如咖啡、矿泉水等快消品，已经不能靠产品功能错位拉开竞争优势。

因此，广告创意工作者，要清晰分辨品牌价值，到底什么是需要拿出来放大的，哪些又是需要淡化的。不要在产品上浪费时间，而是要把精力放在品牌调研上，不但要对品牌囊括的所有价值有所把握，而且要对消费市场和消费心理有所洞察，品牌资产才能在消费者心里悄悄地建立起来。

（二）产品的创意方向

产品的创意广告，需要瞄准的是这个产品的差异化特征，比如功能的差异、外形的差异、使用效果的差异、使用过程的差异、使用者的习惯差异等。其中任何一项，都可以拿出来作为一个创意点。

对于产品广告创意，大部分产品的外在特点都可以用几个形容词描述总结，形容词可以形成创意发想基础，而创意方向就可以围绕形容词做文章。比如，某品牌吸尘器"吸力强劲"，或者某品牌的吸尘器"移动方便、体型轻巧"。这两个虽然都是吸尘器，但是产品优势不同，很容易清晰分辨出产品到底要做什么。

创意工作要明确抓住一个点，要善于对委托方产品的特点做总结。可能从广告主角度来说觉得产品样样出色，这会给创意带来很大麻烦。从消费者角度讲，也会造成认知障碍。创意是为产品营销服务的，只要牢牢抓住产品的一个特点、一个差异，做精做透，那么很容易找到诉求对应的消费市场，也很容易俘获消费者的心。

仔细区分我们手中的策略单，到底是要做品牌还是产品，对我们的创意起决定性引导。品牌着力于抽象的态度、调性、主张的宣称。而产品着力于触手可及的特点，是直观的东西，你能看得到、尝得到、摸得到。假如创意工作已经进行了大半，最后发现方向错了，就会造成极大的精力及成本浪费。

第三节　对创意概念的认知和操作

一、广告创意的概念

所谓创意，就是一种"全新的看法"，是"意料之外，没人做过的新办法"。那什么是概念？简单地说，就是"对一件事有整体的认知和把握"。例如：你去医院看病，你得知道流程，先去门诊挂号，再去某个科室就诊，然后排队候诊、付费、拿药等；去食堂买饭的流程是拿盘、选菜、买单、就坐。如果对一件事情陌生，你会不知所措，就是对这件事没有全局把握。

因此，对一件事情熟悉、有把握，就是对这件事有整体概念。清楚事情的来龙去脉，了解事情的细枝末节，就能避免误打误撞，从事情的开始到结束掌握好方向，知道上一步工作和下一步工作的衔接关系。

那么所谓广告创意的概念，简单地说就是"对广告创意发展的系统，有完整的了解并且能够全盘照顾"。这并不容易，因为广告强调的是单点诉求，不能太复杂也不能太啰嗦。抓住重点单刀直入，才能达到传播效应。但是概念却是需要全盘照顾、面面俱到的。那么，作为创意人就要考虑两点：一个是创意角度的问题，另一个是整体考量的广度问题。

网络上流传的一个小故事，发人深省：一位老员外特别喜欢牡丹花，院内院外种满了牡丹。有天，老员外采了几朵牡丹送给隔壁老翁，老翁也开心地把花插在花瓶里。隔天，老翁的太太激动地和老翁说："这些牡丹每朵都缺了几片花瓣，不是富贵不全吗？"老翁听了也觉得不妥，就把牡丹花还给了老员外，并告诉老员外关于富贵不全的问题。老员外听了忍不住笑着说："牡丹缺了几片花瓣，不是富贵无边吗？"老翁听了心花怒放，又选了几朵高兴地走了。

有智慧的人，不会和角度不同的人争吵，因为每个人所想的角度不同，说的话自然诉求重点不同。虽然每条意见，都值得作为创意的参考，但"真正重要的不是你站的角度，而是你思考的广度"。

二、创意概念的广度

创意概念也是一样，不只要找到不同的创意角度，更要照顾到策略层面的广度。创意人人都有，都能提出有趣的创意点子，但是他们没有创意概念。换一个解释，就是要符合营销传播的沟通原则——在正确的地点（时间），对正确的人，传达正确的信息。正确的人，是经过分析后锁定的目标消费群。正确的信息，是与竞争品牌区隔后最有力的商品卖点。正确的时间和地点，是信息与目标消费者接触的媒体种类。

很多在广告公司的策略单中已经包含这些复杂的概念思考，但对于学生或者新人来说，往往无法整体把握这些信息，对整体作业没概念。所以提出的点子，只是点子，并不成熟，也称不上是广告创意，因为这样的点子无法顾及方案的整体性。

实际上，实际案例运行时，或创意课程作业时，广告客户或广告作业常常缺乏概念，很多客户的市场营销部自己确定了空泛概念，直接拿给广告执行单位就去作图或拍片了。而我们学生拿到一个作业时，也不问缘由，缺乏对案子的整体调研和把握，随意拍了下脑袋就打开电脑做了。于是，提案变成了只提点子，不看概念；或者只看执行表现，而不考虑品牌整体。而创意概念是在帮大家搞清楚案子的来龙去脉，使所有事情的细节都展露在眼前。创意概念不但是我们要做的整体工作要求，也是做出创意点子后的评判标准。当我们做完创意工作时，必须"回扣"到概念，验证方向到底对不对，是不是客户需要沟通的信息。

因此，创意概念是接续策略工作的整体把握之后的精准提炼。对创意表现有可依据的评判标准，证明你的创意不是哗众取宠，而是有真正销售说服力的，能达成营销策略所拟定的市场目标，也是广告创意人的专业体现。

三、创意概念的操作

创意概念的操作是将品牌主张或产品功能换成一种最合适的沟通信息，以便消费者对品牌产生认知、共鸣和兴趣，最后采取购买行动。

创意概念的操作切入可能会是：可针对理性或感性的方式，针对产品功能发展；可针对产品的目标消费者的生活形态或使用的时间、地点、场合，以理性或感性的诉求方式展开；可针对产品带给消费者的心理感受或价值观，作为概念的出发点；可针对产品的竞争区隔，找出"市场空隙"作为概念的切入点。

创意概念不可能天马行空、自由发挥，必须依据已拟定的广告策略转化而来。同时，创意概念可以发展一种以上提供选择比较，必要时可采用测试来确定最理想的概念。一般来讲，我们在实际工作的沟通中，或是创意课作业中，会将一个案子或命题出三个创意概念方向，然后待客户或创意老师确定概念的方向后，才能发展创意表现。

四、案例解析

一个相同的命题，从不同角度可以找到不同方向的创意概念。我们来看一个策略单。

这是第五届全国大学生广告艺术大赛的命题之一雷柏 RATV（电视机顶盒）的策略单，要求创意能够传播雷柏品牌 RATV 的功能。从这个命题来分析，可以从几个方向给出不同概念。

第一组作品《穿墙篇》（见图 2-1），从消费者需求角度出发，利用戏剧化和夸张的手法，描述了隔壁在看 RATV 时"我家"的状态，是隔壁节目精彩的极端化表达。

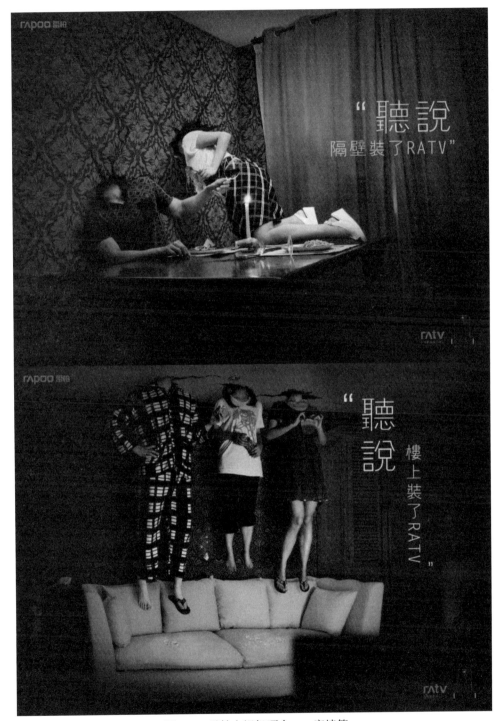

图 2-1　雷柏电视机顶盒——穿墙篇

（资料来源：上海工艺美术职业学院，视觉传达设计与制作专业学生作品）

　　而第二组作品《指动世界》（见图 2-2），从产品利益出发，表达了"一机在手、操控世界"的概念，使产品"超多频道"的利益点放大。

图 2-2　雷柏电视机顶盒——指动世界

（资料来源：上海工艺美术职业学院，视觉传达设计与制作专业学生作品）

　　在同一道命题下，两个不同的角度，给出两个不同的创意概念指引，点子和广告效果也完全不一样。从这道命题出发，还能找到其他的创意概念，比如从产品差异化角度，家用电视机是怎样的？从产品功能多合一的角度，生活有了什么改变？从"用户体验"的角度，有什么新的感官体验？这些概念都可以指引到不同方向。所以，创意概念会帮助我们在创意起始，开拓出不同方向，不至于在一条死胡同里堵死。

第三章

创意洞察的挖掘

第一节　什么是消费者洞察

洞察力（Insight）在广告业中常被提及。如果一个广告从业者没有洞察力，即使你的设计表现能力十分出色，也很难在行业竞争中成为佼佼者。客户都会更加信任对消费者有独到洞察力的设计师。在这个模块我们将解析什么是洞察，如何训练洞察力以及如何合理使用。

一、洞察力不是什么

（一）洞察力不是观察力

洞察力，有"向里看"的意思。说明有洞察力的人，不是只看表面现象。我们容易把洞察能力等同于观察能力。比如，你为一个产品绞尽脑汁去做调研，发现产品的主要使用人群是 30 岁的上班族，月收入是 5 000~8 000 元，子女尚处在幼儿期。你可能会认为，这组数据是你洞察出来的。但这只是一组数据，这个结论是查询到的表象，是观察，不是洞察。

（二）洞察结果不是仅凭经验的独断

初学者认为：洞察既然不是眼见为实的表象，那就是自己对消费人群本质的独特见解。30 岁月入 8 000 元的消费群体，他们一定把家庭收入的最大支出花销在子女身上，因为需要育儿。看上去是非常正确的判断，可是这里面分地域、习惯和各类因素主导，可能在一、二线城市的 30 岁的年轻人都没有结婚，也可能在育儿阶段的花销都是由双方长辈支出和扶持。这被很多因素左右，不能妄下判断。深度解剖问题，才是获得真实洞察的条件。

二、洞察力是什么

一般说，洞察真相，真相往往藏在事物的"里面"。这就像柏拉图的"洞穴之喻"。在柏拉图的《理想国》中，故事大概是这样的：一些囚徒从小就被困在一个洞穴中，他们被铁链绑着面朝洞穴后壁。在他们背后的上方，燃烧着一堆篝火。在篝火和人的中间有一堵低墙。在这堵墙的后面，有另外一些人手中拿着各色各样的东西，把它们高举过墙，影子投射在洞穴后壁上，就像皮影戏一般。于是，这些囚徒只能看见投射在他们面前的墙壁上的影像，他们会把这些影像当作真实的东西，他们也会将回声当成影像所说的话。此时，假如有一个囚徒被解除了桎梏，突然站起来可以转头环视，他现在就可以看见事物本身了。柏拉图看到了哲学的真相，但大部分人都被影子所欺骗。

通俗来讲是透过现象看本质，培养自己善于发现消费者自己都不明晰的"无意识消费动机"。洞察有时候和创意人的直觉、预感有某些相似的地方，但是也有明显的差别：直觉和预感偏重于对事物发展变化的判断，而洞察则直逼事物的本质结构，因此洞察力的智力层次和适用范围要比直觉、预感更深入、更广泛。事实上成功的洞察更像提出科学假说，是一套严谨的方法。

三、对消费者痛点的洞察

广告中消费者洞察的定义是：一种商品卖点与消费者之间的情感连接，它能够让消费者对品牌的广告主张感同身受，进而从同质化的商品中跳脱出来，得到沟通上的认可。

消费者洞察的训练，是通过观察、调研、体验、理解消费者的生活及消费习惯，去发现其内心的真实消费动机。并且，这些消费动机在购买行为中可能是无意识的。当创意者一旦提出，就可以撬动他们付诸于消费行动。创意的工作，就是把握和寻找消费者的消费欲的本质、消费动机的真相，这个点是消费者痛点。

当然，要找到有效的痛点，需要通过消费者调查等方法展开，是有个过程的。创意若有足够精准的洞察，就能让消费者"啊"的一声叫出来，然后感慨道："他说的不就是我"，这是创意工作最好的切入点，这个痛点连接了消费者内心的真相。总而言之，消费者洞察创造了消费者与品牌或产品间真正的连接。洞察力能深入消费者生活，与个人生活的情境息息相通。洞察力创造了强烈的同理心，消费者会觉得：这就是我的品牌。

当然，仅在概念上把握是不够的，这里有几个例子，可以帮助大家进一步理解洞察力。

（一）案例一

有一家香港地区的房地产公司，在城市的沿海黄金地段开发了一块地皮，建造高档国际化社区，汇聚世界各地的精英人士定居于此，其价格自然不菲。主要消费群体定位是香港本地具备购买实力的人，年龄在 30~40 岁之间，为企业高管。可是，当楼市开盘售卖的时候，销量并不理想。如果我们单纯看表象，会认为策略和定位合理，产品和人群匹配，一切似乎顺理成章，销量不应该是这个结果。经过广告公司的调研后发现，在售楼的那几年，香港地区整体经济趋势平平，大多数具备购买实力的人群，都抱着持币观望的态度。也不是人群定位不对，而是没有找到一个真正能够撬动消费行动的心灵按钮。无论从国际社区的定位、售价等各方面硬条件来看，都没有足够的理由让他们真正执行购买行为。持币观望成了他们想买又不敢买的状态。排查到了这个深层原因后，更需要找出解决方案，找到目标消费者的痛点，找到数据上没有的真相。

创意团队发现，30~40岁的人群，都有一个绕不过去的问题即婚姻，并且这个目标消费群体大多都是刚成家不久的新婚家庭，小孩年龄在1~10岁之内。这个没有显示出来的数据至关重要，一般中国人的家庭观念是：亏什么也不能亏待孩子。这个目标消费群体，会更希望为自己的孩子营造良好的生活环境。那么我们就要推出一个有钱买不到的概念——时间。对于孩子来说，接受教育的黄金时间段是1~10岁，是不容错过的成长期。而国际化社区的重点在于国际化的生长环境，可以让孩子在成长期处于地球村式的国际化环境中，接受各个国家和各个地域的不同文化，是一个极具吸引力的卖点。创意团队基于对消费群体心态的把握，推出广告概念：不要痛失人生中的黄金时间，在国际环境中成长。这是一个精准的痛点，有力地触动了隐藏在目标消费群体心里的消费动机。

（二）案例二

再举一个同是楼盘销售的例子。有一处海边美景楼盘，目标消费群体是退休后有存款的老年人，应该如何找到他们的痛点呢？

如果想当然地去回答这个问题，会有很多答案，比如老年人退休后想生活得好一点，操劳了一辈子想过属于自己的日子等。这些看似合乎情理的问题，都不足以触动他们发生消费行为。买房不是买菜，是人生中的大事，是要倾全部家当换取的商品，如此小小的愿望，对购买如此大件的物品来说是无效的。

这个案例中，要想找到有力的痛点，还是要深入老年人的生活状态，才能有所了解。我们国家老年人省吃俭用一辈子的积蓄，一般不会用于换取自己的享受，这是消费习惯，是普遍现象。但有一个方向的可能性——为了子女。

如果没有真正去体察过老年人，是不会了解的。所以，这个海边美景的楼盘，"海边"只是附加价值，而真正的价值宣传在于房产保值，可以留给子孙后代。

第一个案例中，开始是把观察到的数据当成了洞察的真相，这样你是找不到消费者真实的、埋藏在心里的欲求的。第二个案例把想当然的答案当成了痛点，没有以角色替换的视角去体察消费者，才会产生很多无效判断。创意狂人、著名的天联广告公司（简称BBDO）的传奇人物菲尔·杜森伯里有句名言："一个洞见，胜过1000个创意。"洞察的真正价值，是它能够引发一系列事件，推动你做一些其他任何人都没在做的事。最突出的特点是表达出某个无可争辩的真理。这里所谓"无可争辩的真理"正是强有力的、与消费者连接的痛点。

如果洞察是道，创意就是术；如果洞察是战略，创意就是战术；如果洞察是广告的哲学理念，创意就是它的形象表现。"客户不是要买电钻，而是要买墙上的那个洞。"

四、事实、产品利益点、洞察力三者的差别

在前期广告策略单拟定时，都会面临一个盲点，就是不知道什么时候才能交棒给创意人员。在大多数情况下，策略单中的广告主张距离消费者还有很长一段路。也就是说，策

略人员认为写在策略单中的卖点，并不是我们创意人员的发想切入点，因为卖点不痛。这个卖点只是消费者已知的事实。在此条件下，即使消费者同意你所说的，但是却没有切身之痛，所以也不会全然认同你的品牌。在这里，不能直接拿事实来作为创意切入。那么，我们必须清晰区分事实、产品利益点、洞察力三者的差别。

（一）事实

事实：对产品或系列产品的实际观察。例如，儿童成长奶粉都添加了很多营养添加成分——钙、铁、维生素，但我们的品牌还添加了胡萝卜素。

（二）利益点

利益点：产品带给消费者的好处。例如，大部分儿童奶粉的营养添加，只是让宝宝长得快，发育得好。但我们品牌添加的故萝卜素能平衡宝宝体内生态，增加其抵抗力，帮助宝宝更健康。

（三）消费者洞察

消费者洞察：将产品利益点鲜活展现给消费者，寻找消费者内在需求的可能性。例如：大部分喝了成长奶粉的宝宝长得又大又胖，可是宝宝还是会经常生病，难道又大又胖就是体质好？难道长高长大就是我们家长要的吗？所以添加了胡萝卜素的奶粉，能够让宝宝健康、强壮地长高长大。

五、事实、一般认知、洞察力三者的差别

我们再举几个关于事实的例子，来和消费者一般认知做一下区别。

比如常常晒太阳容易变黑，吃披萨比吃早餐易使双手油腻脏乱，移动电话会有辐射，斑点就像青春痘一样让脸上有瑕疵，这些都是事实。而所谓消费者一般认知，是人们口口相传，但未经权威披露，甚至是传统观念所造成的积非成是。比如，我相信一白遮三丑；我觉得所有洗衣粉效果都差不多；每隔一段时间要换一种牙膏，洁齿效果才会好；二合一洗发水会造成头发的负担。

消费者对事实与一般认知的认同度通常很高，但在竞争环境中，利用这两者是很难建立品牌个性来打动人的。因为消费者对事实和一般认知的反应是"对呀"，而消费者洞察，是消费者心里"有"却没有"说出来"的感觉，当你替他说出来，他会觉得："天啊！这就是我想的！"

举一组"女性和购物"的消费者洞察，让我们对消费者洞察有进一步的了解。若想向女性成功营销，必须先懂得女性的消费心理特征。

女性不会说她想要什么，但你也应该知道。因为她们会说："如果我告诉你了，感觉就不一样了。"所以，若是她先开口要，就已经太晚了。消费者洞察：她不说，你也知道。

女性为什么如此喜欢购物？一般情况下，男性是为了实际需求才去购物，但女性的购物指导原则，是为了开创"美好的理想状态"，因此纵使有千百套衣服，仍觉得衣柜里独少一件。消费者洞察：纵然有再多金钱，也买不到她缺少的那件、属于她的那件。

女性的购物是有接口的。大部分女性的消费目的，不仅是要满足自己的需求，乐于在

消费过程中分享、推荐自己满意的商品，为周围人带来幸福也是乐趣之一。消费者洞察：购物也是为了身边人的幸福。

女性在不同生活场景中充当不同角色，如面对孩子是妈妈，面对丈夫是妻子，面对工作是职场人……消费者洞察：兼顾女性的每一面。

爱美是女性的天性。但是美追求得到吗？没有一个女人认为自己已经完美了。消费者洞察：每一个女人，都在追寻美的路上。

女性都需要有依靠，无论是如何强势的女性，都希望有个坚强的肩膀和后盾，当她需要的时候能够及时出现。消费者洞察：其实世界上没有女强人。

以上把容易混淆的几个基本概念——事实、利益点、一般认知、消费者洞察做了区分，帮助我们进一步理解消费者洞察的含义。关于如何训练洞察力和一些训练方法，会在下一节中为大家介绍。

第二节　洞察力训练步骤

用传统调研的方式去了解消费者，"你需不需要这个？""你觉得喜欢吗？""你为什么购买？"这些问题都不能直接找到消费者的痛点。任何的调查都不能直接告诉你答案，你只能通过用户在调查中的反应推测出答案。

一、关注真正的问题

要找到正确的答案，首先要问正确的问题。定义需要回答的关键问题，确保知道自己要寻找什么。比如是帮助增加销售量，还是关注保留老客户。所以找到这些问题的答案是关键：某一特定消费群体的购买量下降了吗？是否有必要改变品牌认知？是否希望专注于一个新的目标群体？仅仅是希望加深受众的理解吗？企业试图实现什么目标？这是他们的现状和他们想去的地方吗？这会有助于从一开始就明确工作的研究过程——在寻找什么和为什么寻找，给到明确的方向。

二、收集正确的数据

今天的消费者在购买的过程中使用了无数的设备和平台，每一步都掌握着他们行为的关键线索。一般来说，策划组会完成数据收集的工作，但如果在你的策略里没有数据，就必须自己去找。

通过每个来源收集正确的数据。从展示广告到网站，包括消费者忠诚度、品牌各项活动参与度、社交媒体里的签到率等。调研需要确保数据的真实性，以反映真实人群的可靠事实。

掌握最新的消费者、行业和市场趋势，对帮助团队提前计划并知道应该将注意力集中在哪里非常重要。一个专业的策略组调研团队，会尝试围绕四个关键领域的具体问题——消费者、品牌、类别和更广泛的文化，使用正确的定性和定量数据的混合，把这些数据总结入策略单。一般来讲，工作团队可能会通过社会倾听、受众分析、购买报告，或组织几个焦点小组来回答真正的问题。需要随时确保你保持消息灵通，并继续寻找正确的答案与可靠的数据，来引导工作一步步接近痛点。

三、创建详细的消费者画像和消费者行为地图

选择有利数据并寻找能坚持下去的东西是找到真相的下一个关键步骤。利用深入的消费者数据来了解他们是谁，他们的动机是什么，他们在生活中优先考虑的事情是什么，以及他们每天面临的挑战是什么，这是挖掘消费者洞察的宝贵价值。这些信息能帮助你描述出消费画像，了解消费行为。不要被无关数据分散注意力。如果你一开始没有锁定"这就是你的受众"，就会做出太多假设，信息收集会变得漫无目标。

从起草真实的买家角色开始，用笔描绘你的消费者，让你的人口统计数据生动起来，给你的数据提供一些人物生活场景或人物工作背景。

极力追踪消费者的每个接触点，了解受众在每个转折点是如何与品牌进行互动的。这些消费者行为地图对生动展现受众生活与工作背景发挥着核心作用。

四、代入角色，形成清晰的"新看法"

把前面的步骤综合起来，可以得到一个比较具体、真实的消费者场景，把自己代入人群角色中。下一步就是弄清楚你想要改变什么观念。这时你的想法是根据所发现的数据驱动出来。没有数据事实，很难得到一个合理的消费者看法或期待。看法和痛点还不一样。这些看法是崭新的，很可能是以前没有关注到的机遇点。

将这些"新看法"与刚刚创造的观众角色和消费者行为地图联系起来，就有可能得到有所共鸣的消费者洞察。

五、尝试保持简单的痛点描述

真正的消费者洞察，最具影响力的是那些简单的想法。痛点是创意团队在发想过程中需要不断回顾的东西，要确保创意紧扣痛点。然而，痛点或顿悟通常不超过两句话，一旦想到，可以贴在墙上，或任何触手可及的地方，随时回顾这是不是消费者真相，这将有助于我们进入目标受众的思维模式。

六、把客户细分进行调研

根据策略单最初的创意目标，选择要调研的小众人群。比如，你的创意目的是想吸引新的受众，还是想在现有的客户群中提高忠诚度？将具有共同属性（年龄、性别、兴趣、认知、生活方式、态度）的人群统计数据进行分组，可以更深入地了解他们的动机，有助于推动具有共鸣效果的创意作品。

七、把消费者洞察放回语境中检测

没有经过商业语境检测的痛点基本上是无效的。痛点是否有效的关键在于：将痛点与

受众目标需求结合起来，并需要结合在行为数据里来考察。也就是说，是否做到了在正确的时间、正确的地点传达正确的信息。

通过与策略人员跨团队的合作，将他们所了解的信息与你的看法对照，可以描绘出更全面的图景，将事实展现在面前，就能找到精准的痛点，激发出精彩的创意。

第三节　由洞察力生发创意

洞察可以说是广告创意作品的灵魂，"1 000 个创意比不过 1 个洞察"。消费者洞察在创意中起到一定的决定性作用。如何将消费者洞察的痛点融入广告创意中，是这一节的重点。

洞察消费者痛点的工作处于策略环节和创意环节交接处，是创意切入点。最佳的工作方案是两组相互协作。也就是说，策略调研和创意设计是能以团队单独作业的，但是，如果一旦涉及寻找洞察消费者痛点的作业环节，最好是汇聚集体智慧的成果。洞察确实不好找，需要汇集大家的研究、体验、观察，并做出推理和总结。

消费者痛点又如何融入创意作品呢？有以下两种情况。第一种情况，是由痛点决定方向，在创意发想时，再把消费者痛点通过创意修辞手法，转化为作品。也就是说，观众看到的广告影片或创意海报，不是直接对洞察的体现，是经过创意修辞再塑造、再表现的综合表达成果。另一种情况，就是创意人找到的痛点足够有力，是唯一的、最真实的，那么在足够有力的前提下，会直接精练成文案、画面配合表现。

广告公司的创意职业分两种属性，擅长文案和擅长美术的专员，在工作中相互配合。这两个职位孰轻孰重各有说法、各执一词，也各有各的重要性。有深厚文案功夫的创意者会更善于捕捉深刻洞察。许多优秀的作品，只需要一句精准的文案，就能直击消费者内心。我们用几个案例来了解什么是用文案捕捉痛点的创意作品。

案例一：中兴百货——购物冷感症

许舜英是 20 世纪 90 年代中国台湾地区创意界中传奇式的人物，曾经因为她文案的力量，在百货公司萧条期，拯救了很多企业。我们先来看她的中兴百货系列作品。

这组海报中的文案引导了画面表现（见图 3-1）。文案："如

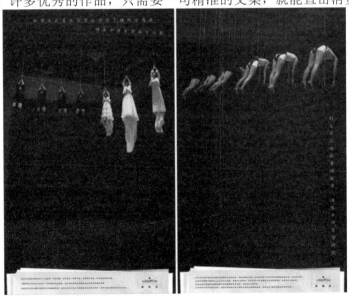

图 3-1　中兴百货——购物冷感症
（资料来源：中国台湾中兴百货宣传广告）

29

果你在其他百货公司得了购物冷感症，请来中兴百货接受治疗。""对大众品位严重过敏者，请来中兴百货挂号。"画面虽然表现极致，但只是对文案的抽象再现。

观众可以通过两组文案推测出说话对象——中兴百货的潜在消费人群。他们不是不买衣服，或没有时尚支出的人群，只是厌倦了同质化的大众时尚品位。而对于当时的中兴百货来讲，偏向于小众和先锋的时尚品位是主要的产品竞争力。观察到这种现象后，许舜英在作品中把厌倦大众时尚夸张描述为一种病态，是一种城市病或一种现代病。有些人可能难以理解：和大家穿的一样为什么是一种病态？但是，中兴百货的目标人群是新兴中产阶层，这个阶层是活跃在城市中，并引领时尚生活方式的人群，引领是他们的要点，是这类群体的心理情结。一旦不能做到对固定圈子的时尚引领，即使收入达到中产标准，他们也会失去"中产姿态"。反过来讲，并没有达到中产收入，但向往中产生活方式的群体是他们的跟随者。那么引领时尚，对中产阶层来说就是一个标榜自己的阶层的符号，是埋藏在中产阶层心里的诉求。但他们不会说出来，甚至自己对此觉察得也并不清晰。那么许舜英通过文字技术把这个痛点夸张化，把对大众审美的厌倦和疲态比作一种病。是病就得治，中兴百货就是治这种病的"医院"，而"病"的比喻，强化了痛点的严重性，让本来还没有意识到问题的人群，突然意识到这件事的严重性：失去符号就等于失去中产阶层地位，那怎么得了？赶紧去中兴百货"挂号"。

这个洞察通俗地表述为：中产时尚消费者都有引领时尚的欲望。可倘若就把这句话写出来，对于广告来说是无效的，因为直白，而最有力的文字技术则是让这群消费者自己觉察到"我就是时尚的引领者"。这是许舜英作品的特点，让观众参与进来后，自己明晰并夸张了答案。这也是审美原则之一，告知的美没有魅力，而设计好线索后，让观众发现的美，魅力会无限放大，并且在观众心里持续发酵。

案例二：中兴百货——三日不购物便觉得灵魂可憎

这是另一套许舜英为中兴百货所创作的作品，消费者痛点改变了，同样是中产人群，但洞察的人性要点不同。若上一则作品的洞察重点是中产阶层对外的宣称和符号，那么这次转向了中产阶层对自我的要求。更确切地说，是作者试图建立本应属于中产阶层的要求（见图 3-2）。广告语是：三日不购物便觉得灵魂可憎。那么潜台词就是"难道能忍住三日不购物？那你配不上做中产！"可文案没有如此直白地表达，用的是同一种文字技巧，让观众看到文案的线索后，自己觉察到答案。作品背书："少了苎麻浴袍必定忘记睡前祈祷，不烧柑橙芳香烛如何证明上帝的存在，只要懂得买，连港式素蚝油也会分泌亚洲美学精神。"这是在暗示：怎样的生活才是配得上中产的品位。但作者并不用教条的口吻告知"应该买这个或买那个"。"只要懂得买，连港式素蚝油也会分泌亚洲美学精神。"在这样的语境中不会有侵略性，说的是懂生活，而不是买什么，是潜移默化的教育。

图 3-2　中兴百货——三日不购物便觉得灵魂可憎

（资料来源：中国台湾中兴百货宣传广告）

　　许舜英对中产洞察的成功，也有当时的时代基础。在 20 世纪 90 年代的台湾，经济水平刚刚发达起来，当时被称为"亚洲四小龙"之一，并迅速形成了一批新兴中产阶级，这个群体有消费能力，但是却没有形成中产阶级的审美和生活品位，对于时尚的消费是盲从的。那么就需要有人来"指导"。生活教师的人选，需要有精准洞察目标群体内心状态的能力。对于当时的中产阶层人群建立独属于自己的审美品位是当务之急。从作品的背书可以看到，作者暗示"文化"身份的同时，说出了目标群体潜在的欲求。

　　那个时代的许舜英被称为"时尚教主"，用她对中产阶层独到的洞察，来"指导"中产的消费生活，掀起了一波现象级的消费效应。作为创意学习者需要注意，每一次洞察，一定是基于时代、地域、消费者的三位一体，不能照样画葫芦地学习文案写作，因为时代、消费者和地域性不同，那么与消费者对话的角色设定也全然不同。对于那个时代，需要"时尚消费的推手"，对于中产消费者，也需要一个"指导老师"。许舜英对那个时代的洞察是犀利的，也精准地抓住了人群内心的缺失与恐慌，并赋能于"文化人"这个角色，才能恰如其分地抓到要点，有力击中目标消费群体。

案例三：中兴百货——流行是安全的，风格是危险的

《流行是安全的，风格是危险的》（见图 3-3），这组创意的文案，是为了劝说中产阶层不要去尝试危险的风格搭配吗？显然不是，这恰恰是许舜英大胆的地方。我们有时低估了消费者的试错能力，也低估了消费者的挑战欲。

图 3-3　中兴百货——流行是安全的，风格是危险的

（资料来源：中国台湾中兴百货宣传广告）

特别对于中产阶层的人群，早已厌倦按部就班、衬衫领带的搭配。业余时间的个性穿搭是探索时尚风险的最佳时机。创意者看透了人群的诉求，才用带有"挑衅"的口吻去刺激他们迈出勇敢的一步。语气看似在劝告："最好不要去尝试风格"。但细读背书，恰恰是在告知藏在"危险"里的魅力，这是一种有技巧的引诱，激发了消费对"危险"的尝试。时尚风险是不破不立，对时尚引领是彰显目标群体不拘谨的另一个面向的个性，对时尚的挑战是深藏在他们心底的挑战欲和叛逆，被创意者发现并提示出来，隐藏的欲望被放大。这是相当大胆和有力的洞察，挖掘出这个群体连自己都没清晰觉察的欲望。

案例四：大众 4S 维修店广告——管用不代表合适

"管用就行了，能凑合就凑合吧"是人之常情。一般情况下，实用主义思维主导着我们的生活。但是，当阅读这组画面的时候（见图 3-4），你会发觉画面的荒诞感。生活倘若

是处处只求管用，那么可能就是如图所示，变得荒唐。

图 3-4　大众维修——管用不代表合适

（资料来源：德国大众汽车集团广告）

这些状况的可笑之处在于"不至于这样吧"。这组创意中夸张了我们生活中"只求管用"的细节，文案："管用不代表是最合适的"，是一种比喻，目的是告诉读者：没错，你可以不在 4S 店维修你的大众汽车，凑合是管用的，但是会有点可笑。生活中谁都不愿意自己的行为被取笑，可对于汽车维修也如此凑合，别人就会像你自己取笑图中场景一样取笑你，这是利用了共情能力。

假如观众只看文案不看画面"管用不代表合适"，会认可，但不会入心。在日常生活中，读到这句话，谁都不会与"这是可笑的事"联系起来。而这组画面的配合，恰到好处地把一幕幕"只求管用"的"可笑之处"呈现出来，观众立刻就会在潜意识里和自己的行为做比对。洞察在暗示：别做不合时宜的事，别做如此可笑的人。

这套创意作品和许舜英的作品有相同特点，对于人性的洞察都用了刺激和放大的技巧，升级事态严重性，把本来不清晰、不严重的生活细节一下子"上纲上线"，让观众意识和觉察到。"自我觉察"的技巧稳固了观众的认知。用这两套作品做比对，在文案和画面的配合上也是相同的技巧，即画面是文案的升级，文案是画面的答案。也就是说，强烈而荒诞的画面吸引你观看，若你只看画面，会无从解读，观众大脑便会在画面的各处角落搜寻答案，最后文案揭开了谜题。这个技巧犹如影视作品中的声画错位效果，迫使观众下意识去寻找画面的答案。但细读会发现，文案并不是画面的答案，而是线索，真正的答案是观众自己觉察到的潜台词。就此完成了一次观众的参与，稳固了作品里真正想说的话。

回顾一下，中兴百货的潜台词是"你都是中产了，难道能忍住三日不购物？那你配不上做中产"。大众 4S 店的潜台词是："生活要是凑合，会变成别人的笑柄"。这些结论是受众自己想到的，并不是作品里告诉你的。

案例五：IBM 户外品牌广告——灵动城市

国际商业机器公司 IBM 作为国际商业电脑的 500 强企业，是一个备受世人尊敬的公司，品牌历史也有近百年，而百年不衰的原因在于，一直坚持遵守"沃森哲学"。老托马斯·沃森为公司制定了行为准则，这些准则一直牢记在公司每位人员的心中，任何一个行动及政策都直接受到准则的影响。"沃森哲学"对公司的成功所贡献的力量，比技术革新、市场销售技巧，或庞大财力所贡献的力量更大。所谓"沃森哲学"主要包括：必须尊重个人；必须尽可能给予顾客最好的服务；必须追求优异的工作表现。那么，为品牌做创意推广不会一味考虑产品的功能特性，因为产品线繁复、产品功能多样，而是应该站在品牌的高度，宣传"沃森哲学"的核心理念——对人的尊重和服务。人是一切的主角。在这则案例中（见图3-5），洞察基于"以人为本"的生活场景中展开，关注如躲雨、上台阶、休息这些生活中微小问题。创意的主题是"灵动"，所有灵动处，就是解决一个人在城市中生活会遇到的微小问题，这些问题往往会被大城市、大工程所忽略。

图3-5 国际商业机器公司——灵动的点子为灵动的城市

（资料来源：国际商业机器公司品牌广告）

繁华的高楼大厦、地标建筑、商业街可能只是一座城市的名片，是宏大叙事，是这个城市经济实力的体现。而真正关怀人的生活、体现人性的设计，是这个城市的细节。IBM秉承其"尊重与服务"的理念，洞察人们生活的细节，在为人们生活的细节提供微小方便，而这些看起来微不足道的设施，恰恰是最具有温度的设计，因为这些微不足道的、贴心的设施，放大了对人尊重，同时也巧妙地传递出 IBM 的哲学理念。设施里没有一处是IBM 的电脑产品，都是简单的板材的设计，但是却和 IBM 产品异曲同工——致力于"以人为本"的服务。这就比其他宏大叙事的电脑品牌要高明很多，可以说是反其道而行之。大众对电脑科技的通常想法是：电脑越发达，就越容易取代人脑，越来越多的人工智能会取代人的劳动。但 IBM 回归本质，强调电脑不是凌驾于人类之上的"技术上帝"，而是服务于人类生活的"得力助手"。这套 IBM 创意的智慧就在于解除大众对科技"敌意、危机"的通常认知，转换视角、回归本质，让大众通过这套设计感受到 IBM 真正的核心理念。

这套创意可以说有两层洞察。第一层是建立在大众对科技的危机认知，即技术将凌驾和取代于人。IBM 扭转了这个认知，让品牌印象回归到对人的服务。第二层是基于对人们不易被发现的微小需求，对于这小小需求的提供，体现出 IBM 对服务的细致入微和品牌的大智慧。这样的品牌魅力深深地牵住消费者的心，潜移默化地在消费者心里建立起稳固的品牌资产和品牌充当的角色。

案例六：沃尔沃汽车安全系统广告——没事发生，才是头等大事

沃尔沃汽车品牌的每一个创意作品，都可谓创意的巅峰之作。这个案例（见图3-6），是沃尔沃汽车安全系统的广告，功能是：电子安全距离监控，可自动启用刹车。

图 3-6 沃尔沃汽车安全系统——没事发生，才是头等大事

（资料来源：沃尔沃品牌广告）

　　故事从女孩和她母亲的对话开始，女孩对去新学校上课有些犹豫，担心陌生环境。妈妈对她说："你当然可以自己决定，你可以决定人生中的很多事"，可爱的小姑娘打开了她美妙的幻想，她可能会遇到新朋友，可能会有闺蜜，可能会顺利地考上大学……一边想象一边就开始独自迈向新学校，心情也好了起来。同时一位女士，刚吃完早饭和家人道别，开着沃尔沃行驶在上班路上，可能是因为工作压力大，面露疲态。那一头的女孩继续想象着人生中的大事，她爱上别人、成为艺术家、与爱人结婚、有自己的小孩……就在同时，那位驾驶沃尔沃的女司机顺手想拿杯咖啡提提神，但一不小心烫了下手，0.5 秒钟的时间，抬起头来，小女孩已经在车前不到 1 米的距离，她来不及刹车，悲剧就要发生……沃尔沃提前预警，把车稳稳地停在离小女孩仅 1 米的距离，惊险的一幕打断了女孩幻想的人生大事。画面黑屏出现文字：没事发生，才是头等大事。最后，出现沃尔沃品牌。观众都明白了这部作品的含义，也都会为最后这一段无比震撼和奇妙的洞察惊叹，这句话道出了我们藏在心底，但无法言说的期望。

　　到底什么是"安全"，这支广告是对"安全"的重新定义。我们的通常思维并不是把安全看成"一件事"，所谓"事情"是由开始、过程、结果组成的逻辑框架。但是安全呢？更像是一种状态，我们说"安全状态"，能够"保障生存"便是安全的定义。有句俗语说："除了生死，都不是大事"，所以可以把对生存的保障看成人生中最大的事件。片中用了一对反衬关系，潜台词是：人生中会经历很多事，但是头等大事我们却总是忽视，就是不能让一些瞬间发生。一旦发生，所有的人生之事都失去了意义。这个洞察，可以说是对人生的"终极"洞察，也是我们普通人很容易忽视的"事情"。作为人，更容易关注由开始、过程、结果组成的事件，事件浮现在生活表面，而悲剧的瞬间不具备可描述性，是隐藏在生活"下面"的事情，是生活的终结。这只广告片把人生中漫长而美好的一件件事和"瞬间"的突发性、残酷性做了并置，是观众感到震撼的原因。

俗事可被描述，但"终极瞬间"是模糊抽象的，危险的到来总是猝不及防。我们甚至无法推断，到底哪种情况属于"处于不安全状态"。对于这些隐藏的危机，总有侥幸的想法"不会发生在我身上的，运气没那么差"。所以这个洞察很隐蔽，是大多人的生活盲点。一旦找到而被提出，就会震撼人心。然而沃尔沃早已为你提前做好的防备，车的电子监控设备，也为每一个使用者观察和记录着每一个有潜在危险的瞬间，不让悲剧发生。

案例七：圣约翰急救中心急救课程广告——无能为力

圣约翰急救中心急救课程广告（见图 3-7），和上支作品有相似的地方，先来看作品内容：一位母亲正在自家后院，看着儿子在游泳池里玩耍，一切都看上去如此安详。但当儿子第二次跳入水中时，头部不慎砸在泳池壁上。母亲立即跳入水中施救，奇怪的是，这时的水面却像一堵拦在了母子之间的墙，母亲发出撕心裂肺的吼叫，使足全身的力气也砸不开水墙，只能眼睁睁看着儿子慢慢在水中窒息而无能无力。文案出现：若你对急救无知，你将无能为力。最后出现产品——圣约翰急救中心的急救课程。

图 3-7　圣约翰急救中心急救课程——无能为力

（资料来源：英国圣约翰救护机构品牌广告）

该作品与上支沃尔沃作品的相同处，都是放大生活中潜藏的危机来警示观众，这样才能体现产品的必需性，在观众心里建立起"必不可少"的意识，把观众"不会发生在我身上"的侥幸心理去除，潜台词是：一旦发生在自己身上，将造成无法挽回的严重后果。但两支作品的不同点也很明显，从沃尔沃广告来说，它的洞察直接体现在强有力的文案上："没事发生，才是头等大事"，这句话已经道出了洞察的真相，影视画面是对这句话的再现。这支急救课程广告，广告语是"无能为力"，文案描述通俗，没有特殊的含义，不是直接道出洞察。而洞察体现在影片中比喻的手法：把无力施救的感情状态比作一道无形的水墙。这是一个令人震撼的比喻。思考一下，什么程度的危机无能为力？如果单纯用画面去表现会怎么样？可能就是伤心、流泪、绝望等，但即使是最好的演员，也无法通过肢体或语言来表现处于这类极端情况中的真正绝望感。而在这只广告中，恰到好处地运用了"水墙"，这是现实中不存在的东西，来诠释了一个洞察：什么才是极端情况下，无能为力的状态。

可以看出，洞察是潜藏在人们内心、未被完全展现的一种情态或一个想法。你没有道说、描述之前，大家看似明白，其实并不自知。恰到好处地去选择适当的表现手法，将洞察表现出来需要高超的技术。除了像许舜英式的道说——通过文字的力量写出洞察，去触及消费者的潜意识，也可以像这支广告一样，通过画面的比喻来充分表现洞察。视听语言有可能比文字更为直接，更容易去触及观众感情。

案例八：欧洲难民危机公益广告——领地、光辉

这支关于欧洲难民危机的社会公益广告（见图 3-8）。需要向大家介绍历史背景，才能更有利于我们理解广告洞察的力度。

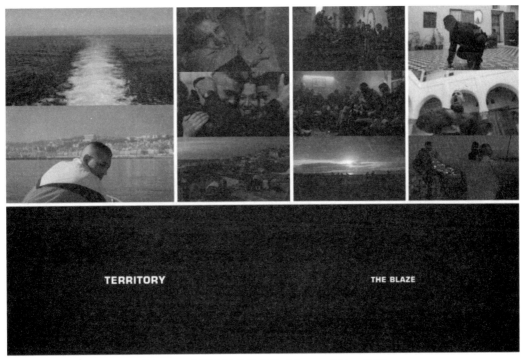

图 3-8 欧洲难民危机公益广告——领地、光辉

（资料来源：法国电子乐组合 The Blaze）

这是有关欧洲各国民生的大问题，广告一般都是对商品的推广和宣传活动，几乎很少触及这类问题，创意团队介入此次宣传活动是极大的挑战。公益广告的广告主体没有产品功能特点抓取，多数情况下需要精准把握目标群体的心理特征，洞察力能力在此尤为重要。

广告片中的目标人群，是东欧的难民。从实际现状来讲，他们分两部分人。一部分是已经来到西欧各国的人。对这部分人来说，以低回报、低技术的工作维持生活，有些甚至走上犯罪的道路。生活，甚至是生命都得不到基本的保障，但人总会抱有幻想，设想在发

达地区存在更多的机会，可以出人头地。另一部分就是还没有来，但准备来的人。他们总是对西欧发达国家充满着幻想，带着要大干一场的想法。从表象观察，大多数认为，难民想要赚更多的钱，想要出人头地。这样的描述可能对了一半。"客户不是要买电钻，而是要买墙上的那个洞"，这句话在提醒创意工作者，不要被"看上去的事"蒙蔽。东欧难民来到西欧，如果他们看上去是为了"出人头地"，那么他们最终要的是什么呢？出人头地以后、挣到钱以后，是为了干什么？那个"墙上的洞"到底是什么？答案是获得尊严，尊严是一个抽象的东西，尊严是一种心态，它可能要通过赚取金钱、权力、知识等外在的东西，逐步建立起来。它可以说既是对内的一种自我满足，也是对外的宣称，是可以让人刮目相看的实力。东欧难民的年龄结构偏于年轻，20~40岁之间的劳动力，处于青壮年时期，男性居多。这个年龄阶层都有一个性格特点，血气方刚，也就是说要"站着把钱挣了"。若你调查他们的犯罪原因，绝大多数的情况都是因为他们不甘愿受委屈，而走上自认为"孤勇"的犯罪道路。经过创意团队对这群年轻人心理特征的研究，把"获得尊严"作为重要的洞察。需要让这群人明白的是：获得尊严才能实现自我价值，这才是你真正想要的东西，不要被"挣钱"表象蒙蔽，那些不一定是你要的东西。

和前几个案例相同，影片没有直白告知，结论需要让目标群体自我觉察。我们来看影片的内容是如何描述的。

一个年轻人坐在船上，年轻人显得有些沮丧和失落，船只正在快速离开港口。他回到了家乡，亲戚和朋友热泪相拥，是游子离家之后的归来。年轻人逐渐重新融入家乡亲友的聚会、闲谈和舞会。从离开城市的失落感到逐步适应家人的簇拥，他热衷于向家乡的朋友们谈论大城市的经历、刺激、危险和成就。越发受到了朋友的崇拜，成为年轻人向往的角色。高潮部分，是年轻人在院子里和孩子玩耍的场景，他扮演着一只森林猛兽——大猩猩，骄傲和霸气显露，这是影片的一个手法：暗喻。最后出现广告语：领地、光辉。到此，这两个词语让我们明白了影片的寓意。

这部广告影片并不是传统的叙事方式，通过蒙太奇的手法把影片的内容切割成几个段落，这样的处理并不影响我们理解，反而加深了一种情感的渲染。作品也并没有把要说的广告语全部写出来，但是这两个词语"领地""光辉"，已经完全能够解释其中的含义。若我们写出全部的潜在广告语，将是："回到属于自己的领地，才能发出自己的光辉。"这就是创意者抓住的洞察，很显然，影片中的那位年轻人就是目标对象的缩影，大部分移居的人群就是这类年轻力壮的年轻人。若你细看，作品在叙述中绝不回避年轻的身份和态度，真实无比，如中间部分，年轻人受众人围绕，听他讲述打斗和拳击的经验，如果说这些事情，在文明社会里是令人唾弃的低级行为，在家乡的朋友面前，可能是"男人的勋章"，是炫耀的资本，他成了年轻人崇拜的对象。这样的处理让整部影片很真实。主角重新融入家乡的生活状态后，显得如此自在，虽然他并没有因此得到财富，但他得到了更重要的东西——尊严和存在感。创意者没有轻视目标群体，也没有看到创作者对东欧难民的贬低。从平等的态度和尊重的视角出发，去洞悉他们内在的需求。甚至你会在影片中体悟出光荣、豪迈、乡愁交织的情感，这是高明的手法，也很容易打动如此的"热血青年"。

真实地对目标群体做出判断，体悟他们的需求，看起来简单实则很难。需要创意人抛开偏见、固有认知，重新深入族群中，用情感和智慧去"凝视"，才能做出真实而动人的作品。在这个意义上，广告作品更像艺术创作，并不满足于雕虫小技的表现技法，而是站在共情的高度，去洞悉真实内在感受。

案例九：戒烟公益广告——你能保护我，但为什么不保护自己

公益广告作品的创意，是所有广告类别中最有挑战性、最难的创意。首先，公益广告要充分使用独到的洞察力；其次，公益广告的有效性难以判断。公益的问题，往往是大众"明知故犯"的问题，洞察的视角要尤为刁钻，才有可能打动观众。

比如戒烟广告，在广告史上出现的不是少数，可是烟民却没有减少，说明历来的戒烟广告都没有很好地阻止吸烟行为。在我们印象中，诸如"肺部腐烂""烟圈变成骷髅"等形象广告比比皆是，事实证明，这些陈词滥调的广告毫无作用，也不会进入别人的内心。

若从广告效果来分析，可以分为以下两大类。一类是看到广告立即付诸于行动的；另一类则可能引发别人反思的。没有立刻采取行动，但因为感动而促使自己的行为有所改善。这两类情况都是有效广告。下面这支关于戒烟的创意事件广告，找到了非常独特的视角使受众产生共情，让烟民有机会反思吸烟的行为。

在案例中，创意团队找到一群未成年的孩子（见图 3-9），让孩子去向倚靠在路边休息、向抽烟的成年人索要烟，入镜的成年人无不惊讶，拒绝小孩子的要求，并教育他们吸烟的危害，每个烟民都振振有词。孩子听完成年人的教育，拿出事先准备好的纸，写着："你能保护我，但为什么不保护自己？"从现场记录来看，所有的人都扔掉了手中的烟蒂，收好了孩子的留言。事实证明，这个行动在短时间里是有效的，也会引起当事人的反思和疑虑。那么，我们就要来拆解这里的洞察为什么有效，到底是什么触动了成年人。

图 3-9　戒烟公益广告——你能保护我，但为什么不保护自己

（资料来源：泰国健康促进基金会）

通常的戒烟公益广告，都是以恐吓方式切入，例如把吸烟危害结果视觉化、夸张化，或用实时数据来说事，如每年多少人死于吸烟等。但烟民并不是不知道吸烟的危害，这个话题已经说了几十年了，只是大家都抱有侥幸心理，认为那个得肺癌的人不会是自己。所以，说教与恐吓是无效的。案例中，创意团队并没有从恐吓入手，而是采用了另一个角度：呵护与关爱。呵护与关爱的主题容易变成无效口号，要触发人们启动内心真实的情感并不容易。但是，人类保护弱小是天生的能力，容易激发人们恻隐之心的是孩子。无论成年人抱有什么心态，是保护也好，教育也罢。对孩子，正常的成年人不会在孩子面前失态，孩子在这个事件中是痛点。创意团队没有设计用孩子去做劝导，却反其道而行之，让孩子去索要香烟，这个举动让烟民大惊失色，这个变向劝导的行为，反过来让烟民出于本能地去参与。创意中，这种"反向"的思维技巧，是个很出彩的手法，逼迫我们从另一个视角去寻找真实性。这里的真实性在于：孩子对成年人劝导并不会有效，烟民反而会觉得孩子们故作姿态，作为孩子哪有资格教导成年人。但让孩子去索要烟，却真实地激发起烟民的恻隐之心。这是人人会做的事情，怎么可能给一个可爱的小女孩香烟，这是利用了人性底线，逼使烟民进入成年人角色。第一步就成功启动了"人性的真实"。当烟民进入劝导的角色，孩子立刻做出第二步"递上纸条"，纸条上的字也没有用通常措辞，而是洞悉烟民行为背后的善意，潜台词是"你是一个如此善良的人，怎么不懂得关心自己？"放大对方的优点，让对方自我觉察到隐藏的善良。创意团队使用这个极其高明的手法，让观众和参与人都能感受到人类共有的善意，烟民扔掉了烟，不是趋于别人的强迫，而是对自我的善意与道德的重新发现。

寻找洞察，很多时候是为了出乎意料而出乎意料。在这个创意案例中，转移洞察视角，最终是为了寻找真实的人性，而不是哗众取宠的技艺。

案例十：911报警电话——细心聆听

最后一个案例，是关于美国911报警电话的公益视频广告。这部影片的内容本身，就是创意者表达了一个生活中的真实洞察。

影片的画面开始于一个乱糟糟的家庭环境（见图3-10），然后从电话中传出了双方对话："911报警电话，请问需要什么帮助？"警察说。"要一份披萨外卖"，女声。"对不起，这里是911报警电话"，警察说。"地址是……"，女声。"这里是911报警电话"，警察说。"对，大号香肠蘑菇披萨"，女声。"是有紧急情况吗？"警察说。"是的"，女声。"好，警察马上赶来"。广告语：有苦难的时候，我们细心倾听。

影片是报警电话公益广告，画面极为简单。所有对接线员洞察的表现，全隐藏在双方的对话内容中。女子拨打911报警电话点披萨，接线警员非常机智地洞察到：并非女子打错电话，一定是遇到紧急情况不可暴露，所以立刻做出出警处理。

这部影片需要传递的信息是：911报警接线员会洞察你的处境，请放心报警。这里洞察已经不是广告片的目的，而是这部片中的主角——911报警电话的能力。准确地说是作品创意者洞察到了警察的洞察能力，用通话表现出来。从片中接线员的洞察角度来说，机智而细心。从创意者的洞察来说，真实而准确。所以影片最后一句广告语就不会是一句空话，是对片中"细心倾听"含义的诠释。

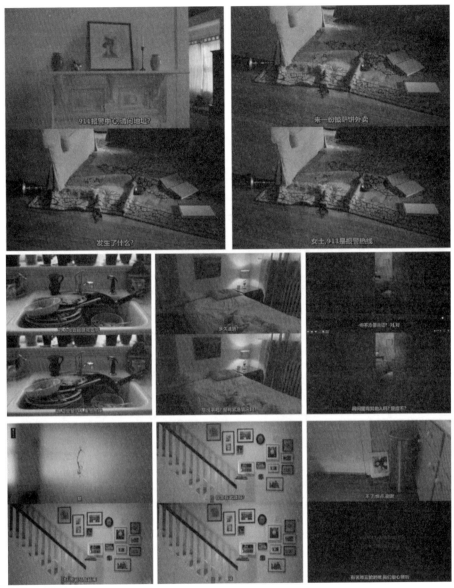

图 3-10　911 报警电话——细心聆听

（资料来源：美国电话电报公司）

第四章

创意思维模式的建构

第一节　对思维模式的认知

掌握思维工具的前提，是了解在创意设计中一般运用的思维模式。工具是对思维模式的分解和再现，是对模糊的思维清晰化和条理化的方法。选择合理的思维模式，是创意获得成功的必要保证，从而达到"意料之外"的创意结果。广告创意中运用的思维模式一般分为三种。

一、垂直思维

垂直思维法也称纵向思维法，是指传统逻辑上的思维方法，它按照一定的思考路线进行思考，即在一定的范围内向上或向下进行纵向思考。它的主要特点是思维的方向性与连续性。方向性是指思考问题的思路或预先确定的框架不能随意改变；连续性则是指思考从一种资讯状态开始，直接进入相关的下一状态，如此循序前进，中间不能中断，直至解决问题。有人拿了两个比喻来形象地说明垂直思维的方向性和连续性：譬如挖井，只能从指定位置一锹一锹连续往下挖，不能左右挖，也不能中间漏掉一段不挖；又如建塔，只能从指定位置将石头一块一块向上垒，不能左右垒，也不能中间隔掉一段不垒。

垂直思维有它的局限性和盲点。举个例子：一辆旧车抛锚在漆黑的夜晚，车主初步判断油烧光了，便下车检查油箱。没有手电筒他就顺手掏出打火机照亮，结果发出"轰"的一声巨响。事后，他躺在病床上自悔引火烧身：当时只想借打火机的光，看看油箱里还有多少油，根本不曾想打火机的火会引爆油箱。这名车主的逻辑很简单：夜晚看不到东西——需要光照——打火机可以照明——点燃打火机。垂直思维排除了其他可能会发生的事，最后惹了祸。习惯使用这类思维的人，可能看不见周边的各种可能性，最终走进了死胡同。

再举个例子，假设有一台吸尘器（见图 4-1）需要做广告表现吸力强的功能，那么我们运用吸力强来进行垂直思维的推理。如果吸尘器吸力强会造成什么后果？吸力强会很轻松地吸走灰尘。灰尘吸走后，家庭主妇会多出很多时间。主妇时间多了、劳动轻松了以后，会更注重自我关爱。所以，广告语可以是："要遇到更好的自己，从一个新的选择开始。"这也是一个典型的垂直思维案例，当你进行一步步推理的时候，已经从一个产品的特性，往人性关怀的角度出发，最后投射到消费者的切身体会上，达到广告目的。

图 4-1　吸尘器产品

最后举一个垂直思维结合夸张手法的例子：还是那台吸尘器，同样卖点是吸力强。如果吸力强，会吸起一般吸不起来的东西。可能是家里的地板、家具。那么再强一点，会吸起什么？你在家里吸尘，可是楼下的家具被你吸起来。广告的画面就是：一个家庭的所有家具集中在天花板的一个角落里。广告语是："楼上在吸尘。"这也是垂直思维的推导方法，从一个家庭的"因"，推导到另一个家庭的"果"，看似因果不相关，其实是经过了一条逻辑推导路径，用文案把两个情境相互关联起来，从而使得广告画面夸张，令人出乎意料。

二、水平思维

水平思维法也叫横向思维法，是指创意思维的多维性和发散性。它要求尽量摆脱固有模式的束缚，多方向、多角度、多方位地思考问题，不断寻求全新的创意。和垂直思维法不同，水平思维法就像是跳出原有的洞，再去挖一个又一个的新洞；丢下原有的塔，再去垒一个又一个的新塔。水平思维有以下三个特点：

流畅性：　水平思维"量"的指标。它是指思维的进程流畅，没有阻碍，在短时间内能得到较多的思维结果。举个例子，如果砖头不用来造房子，还可以用来干什么？比如遮阳、做秤码、丈量等。

变通性：水平思维"质"的指标。变通性指的是发散思维的思路能迅速地转换，从而得到更多的思维结果，为选择解题方案提供更多的可能。反向思维，是水平思维变通的体现，在我们广告发想中经常用到。学会提问，可能会对创意设计有帮助。比如士力架可以填饱肚子，可以这样提问：如果饿了，一个人会有怎样的感觉？答案是：身体不是自己的。"士力架横扫饥饿"是品牌的广告语，系列广告就围绕着"横扫饥饿，做回自己"来表现。在变通的反向思维影响下，任何广告对象至少会出现两种可能的切入点："好会怎样，不好又会怎样""有会怎样，没有又会怎样"……

独特性：水平思维的本质。独特性体现的是发散思维成果的新颖、独特、稀有的特点，是发散思维的灵魂，属于最高层次。举一个打破常规、弱化思维定式的广告案例，法国有一家电影院为了促销，推出周二买票买一送一的活动。这个促销诉求很容易理解，可是如此平常的促销案例，要怎么做创意广告呢？创意者突发奇想，影片从一个凄惨的故事开始：一家条件简陋的普通人家，姐姐为聋哑的弟弟做完早餐，端上的时候，一不小心打翻了碗碟。姐姐对弟弟说：这是我们最后一顿早餐了。然后弟弟绝望地看着姐姐，做出一个哑语手势：我得了肺癌。黑屏，故事结束了。看到这里，人们一头雾水，只觉得凄惨，但故事没有情节和前因后果。突然，画面再次闪现：影院观众席上的一位观众，独自沉浸在这部电影的悲惨情节中，痛哭流涕。广告语出现："有些电影，不能一个人看。周二买一送一。"这个案例的主情节完全跳脱了"卖票"这件事，而转向电影内容，再回过来联系"买一送一"这个诉求。这个"脑洞"极为奇特，完全令人意想不到。

水平思维能弥补垂直思维之不足，克服固执偏见和旧观念对人的束缚，有利于人们突破思维定式，获得创造性构想（见图4-2）。但是，水平思维法是有一定难度的，因为它没有现成的依据，没有确定的方向，而习惯意识往往很顽固。

图 4-2　水平思维示意图

三、两种思维模式的区别

垂直思维法和水平思维法这两个概念都是由英国心理学家爱德华·戴勃诺博士在进行管理心理学研究中提出的。他曾对这两种思维方法进行比较，总结出两者的主要区别：

垂直思维法具有选择性，水平思维法是生生不息的。垂直思维法的移动，只有在确定了一个方向时才移动，水平思维法的移动则是为了产生一个新的方向。垂直思维法是分析性的，水平思维法是激发性的。垂直思维法是按部就班的，水平思维法是间断的、可以跳来跳去的。使用垂直思维法必须每一步都正确，用水平思维法则不必。垂直思维法为了封闭某些途径要用否定，水平思维法则无否定可言。垂直思维法必须集中排除不相关的因素，水平思维法则欢迎新东西闯入。用垂直思维法思考问题的类别和名称都是固定的，用水平思维法则没有固定模式。用垂直思维法要遵循最具可能性的途径，水平思维法则探索最不可能的途径。垂直思维法是无限的过程，水平思维法则是或然性的过程。

案例一：吸尘器发想实验

我们再用吸尘器案例进行比较说明，吸尘器吸力强，若用垂直思维的推演，对着电脑，会把电脑吸起，夸张些的，会把键盘的按钮吸走等。但是如果我运用水平思维，就会脱离电脑这个物件本身，却又和吸尘器的吸力相关，比如：把电脑里面的文件吸出，把电脑里主播的假发吸出等。这些吸出的东西不是现实世界里的物件，用逻辑是无法推导出来的。但是却可以给我们提供一个新的思维角度，可以跨越现实的物质介质，得出一个令人意想不到的结果。

在广告创意中,水平思维是一种常用,但比较难掌握的思维模式。很多优秀的广告作品,都是运用这种联想方法。而垂直思维比较能帮助我们找到问题,是一种策略思维,在市场调研或产品策划的时候比较常用。

案例二:肯德基热辣鸡腿

这支案例是水平思维的典型体现,由炸鸡的辣味进行联想。若用垂直思维,很容易推演出"吃了辣以后的人会怎样",这是逻辑的推导。而水平思维可以借助形象、符号等去形成跳跃思维。初看以下画面(见图4-3),会产生错觉,认为是表现火焰正常的画面,但当你读到品牌信息时,才发现创意设计人利用了视觉错觉,把炸鸡的"辣味"形象化,比作火焰。味觉和视觉本不是一个范围,用逻辑的方式推导不出来,但是水平思维可以让想法在不相关的事物中跳跃。

图4-3 肯德基热辣鸡腿

(资料来源:美国肯德基跨国连锁餐厅)

心理学家"创新思维学之父"爱德华·德·博诺专门为水平思维开发了一套训练工

具——六项思考帽。他强调的是"能够成为什么",而非"本身是什么",更容易寻求一条向前发展的路。

四、二旧化一新的融合

二旧化一新,又称为创意的解放行动,以创造力击败习惯。它是由亚瑟·科斯勒在研究人类心智作用对创意的影响时提出的。由于在实践过程中对创意的构想和发展影响很大,因此人们把它当作一种创意方法而加以推广和运用。

二旧化一新的基本含义是:两个原来相当普遍的概念,可能是两种想法、两种情况或者两种事物,把它们放在一起,结果会神奇般地获得某种突破性的新组合;有时,即使是完全对立、互相抵触的两个事件,也可以经由"创意的行动"和谐地融为一体,成为引人注目的新构想。澳大利亚一家广告公司为吸引空中游客,打出了"下雨,免费旅游"的广告。下雨与旅游本是一对不可调和的矛盾,但这个不合常理、一反常规的荒唐组合却产生了极佳的广告效果,航空公司的年营业额增加了 30%,且连续数年不衰。

案例一:强力胶水

以下这则平面创意案例(见图 4-4),产品是强力胶水,诉求是胶水黏性强、黏结牢固。画面非常有新意,用大力士、强悍的动物和拳击手与胶水的黏结力关联,这两者之间本是毫无关联性,连接起两个完全不同事物的桥梁是"黏性强到像大力士抱住一样牢固"。画面直观易懂,但结果出其不意。把原本毫无关联的事物放置在一起而出现了新的可能。

图 4-4　Spit 植筋胶——超牢黏合

(资料来源:Euro RSCG 360 广告公司)

这种思维方法我们在广告创意设计时也很常用，与水平思维相似，但又有不同。水平思维有一个发想的源头，是一个单点到无限多点的跳跃性思维。而二旧化一新的思维的出发点需要至少两个毫不相关的点，然后找到其中的关联项。类似这样的方法，难点就是关联项，如何架起两者之间的"桥"很重要。一般情况下，两个毫无关联的事物中间的桥梁可能是：因果、比喻、拟人、类比等修辞手法。

案例二：止疼药

同样，这则创意案例，把疼痛的声音和产品药效两个不同介质的事物连接在一起（见图 4-5），桥梁是"因果关系"——因为止疼效果快，所以连疼痛喊出的声音还没结束，痛感已经没有了。跨度如此之大的关联，令人意想不到。训练二旧化一新的思维模式，能帮助你拓宽视野，避免陷入逻辑思维的死胡同。

图 4-5　止疼药广告

（资料来源：西班牙 Gelocatil 止痛药品牌广告）

以上介绍的思维模式，是广告创意中的常用模式，并没有好坏之分，每个创意者作为个体，思维习惯不同，认知不同，找到适合自己的思维模式才是最重要的。下面我们会结合这几个典型思维模式，为大家介绍几套思维训练工具，以便可以更清晰和精准地去做针对性训练。

第二节　六顶思考帽的发想工具

一、工具介绍

上文我们已经了解了在广告创意中常用的思维模式。各种思维模式各有特点。这里，将给大家介绍一套适用于平行思维模式的发想工具：六顶思考帽。

六顶思考帽是爱德华·德·博诺博士开发的一种思维训练模式，或者说是一个全面思考问题的模型。它提供了平行思维的工具，避免将时间浪费在互相争执上。这种思维训练工具是任何人都有能力使用的，能够帮助创意团队清晰地管理发想进程。

先来想象一个场景，在遇到一个创意项目的时候，创意团队是如何进行创意的：一般来说都是进行集体头脑风暴会议。刚开始，每个人都抛出自己觉得好的点子，可是用不了多久，就相互否定对方的点子不对，这是常发生的事，因为在创意初期每个人的点子都不成熟，且片面。每个人都用不同的视角去理解策略单。产生大量分歧时，一种情况是举步维艰，会议无法进行；另一种情况，可能是大家陷入一个死胡同，苦思冥想，却不得其解。创意团队经过这么一番"风暴"后，可能答案支离破碎，需要有人进行统筹，就算结果让大多数人认同，也会影响少数人对创意设计的信心和参与度。试想，在一个创意项目中你的点子被否定了十次，你还会发言吗？至少会有挫败感。这种形式的头脑风暴，需要创意团队在同一时间既考察信息、形成观点，又批判他人观点，看上去并不高效合理。

总结传统头脑风暴会议的误区：都是从自身视角出发；观点片面、局部；个体会有挫败感。

这就是传统头脑风暴的缺点，大家都会形成对抗性思维，最终导致结论缺乏建设性和创新性，最后陷入死潭。六顶思考帽是有效管理我们思维本身的一种方法，使用六种不同颜色的帽子代表六种不同的发想视角。它将我们的思维从不同侧面和角度进行分解，分别进行考虑，而不是同时考虑很多因素。

白色思考帽：白色是中立而客观的。戴上白色思考帽，人们思考的是关注客观的事实和数据。这是一种有效地获取信息的技巧。

绿色思考帽：绿色代表茵茵芳草，象征勃勃生机。绿色思考帽寓意创造力和想象力，具有创造性思考、头脑风暴、求异思维等功能。这是一种有效主持会议的不可或缺的技能。

黄色思考帽：黄色代表价值与肯定。戴上黄色思考帽，人们从正面考虑问题，表达乐观的、满怀希望的、建设性的观点。

黑色思考帽：戴上黑色思考帽，人们可以运用否定、怀疑、质疑的看法，合乎逻辑地进行批判，尽情发表负面的意见，找出逻辑上的错误，进行恰当而谨慎地反向逻辑性探索。

红色思考帽：红色是情感的色彩。戴上红色思考帽，人们可以表现自己的情绪，还可以表达直觉、感受、预感等方面的看法。情感、直觉和预感都是红帽所需的价值。

蓝色思考帽：负责控制和调节思维过程，控制各种思考帽的使用顺序，规划和管理整个思考过程，并负责做出结论。

不同颜色的帽子代表不同的思考规则，容易转换思考方式。帽子为组织思维提供了框架，思维变得更加集中，更加有组织性，更有创造性。六顶帽子也为头脑风暴的智力游戏设定了规则，就像玩狼人杀，虚拟身份是不能互换的。另外让个体的注意力集中到自己的命题的框架中，而不同维度的参与者可以进行"组队"来完成自己的目标，互不干涉。

二、工具应用

（一）应用说明

对六顶思考帽理解的最大误区就是仅仅把思维分成六种不同颜色，对六顶思考帽的应用关键在于使用者用何种方式去排列帽子的顺序，也就是组织思考的流程。只有掌握了如何编织思考的流程，才能说是真正掌握了六顶思考帽的应用方法，不然往往会让人们觉得这个工具并不实用。而帽子顺序的排列，需要通过真实训练才能熟练掌握运用方法。

帽子的顺序非常重要，可以想象一个人在写文章的时候需要事先计划自己的结构提纲，才不会写得混乱。一个程序员在编制大段程序时也需要先设计整个程序的模块流程。思维同样是这个道理。六顶思考帽不仅定义了思维的不同类型，而且定义了思维的流程结构对思考结果的影响。一般人们认为六顶思考帽是一个团队协同思考的工具，然而事实上六顶思考帽对于个人应用同样拥有巨大的价值。

一个人需要考虑某一个任务计划，那么他有两种状况是最不愿面对的：一个是头脑之中的空白，他不知道从何处开始；另一个是他头脑的混乱，过多的想法交织在一起造成的淤塞。六顶思考帽可以帮助思考者设计一个思考提纲，按照一定的次序思考下去。就这个思考工具的实践而言，它会让大多数人感到头脑更加清晰，思维更加敏捷。

在团队应用当中，最大的应用情境是集体头脑风暴，这里特别是指讨论性质的会议，因为这类集体发想是真正的思维和观点的碰撞、对接的平台，而我们在这类集体发想中难以达成一致，往往不是因为某些外在的技巧不足，而是从根本上对他人观点的不认同造成的。六顶思考帽就成为特别有效的沟通框架。所有人要在蓝帽的指引下按照框架的体系组织思考和发言，不仅可以有效避免冲突，而且可以就一个话题讨论得更加充分和透彻。会议应用中的六顶思考帽不仅可以压缩会议时间，也可以加强讨论的深度。

六顶思考帽也可以作为书面沟通的框架，用六顶思考帽的结构来管理电子邮件，利用六顶思考帽的框架结构来组织报告书、文件审核等。除了把六顶思考帽应用在工作和学习当中，在家庭生活中使用六顶思考帽也经常会取得某些特别的效果。

多数团队中，团队成员被迫接受团队既定的思维模式，限制了个人和团队的配合度，不能有效解决某些问题。运用六顶思考帽模式，团队成员不再局限某一单一思维模式，思考帽代表的是角色分类，是一种思考要求，而不是代表扮演者本人。六顶思考帽代表的六种思维角色，几乎涵盖了思维的整个过程，既可以有效地支持个人的行为，也可以支持团体讨论中的互相激发。

下面是六顶思考帽在会议中的典型应用步骤：

第一步：陈述问题（白帽）。
第二步：提出解决问题的方案（绿帽）。
第三步：评估该方案的优点（黄帽）。
第四步：列举该方案的缺点（黑帽）。
第五步：对该方案进行直觉判断（红帽）。
第六步：随时调控，总结陈述，做出决策（蓝帽）。

（二）白帽思维

如果你在团队中拿到的是白帽，那就是代表客观和事实，具体工作有些像数据收集，当你在描述自己的观点时避免用"可能""好像""我想"等词。

如表 4-1 所示，左边不是关于白帽的描述，是没有精确化和数据化的。而右边的描述才是正确的。与手持白帽的人相关的就是团队已经拥有哪些信息？团队希望获得哪些信息？团队又如何获得信息？

表4-1 客观思维对照表

今天很冷	今天气温是-4℃
美国的治安很差	美国的犯罪率为 10%
房地产最近不景气	房地产消费指数下降 15%
公司的人员流动率很高	公司的流动率为 20%

1. 练习

假设某商人刚关上店里的灯，一男子来到店堂并索要钱款，店主打开收银机，收银机内的东西被倒了出来而那个男子逃走了，一位警察很快接到报案。

在这段文字中显性和隐性信息分别是什么呢？显性信息很容易找到：晚上、商店、男子、抢劫……但是精确的隐性信息是什么？比如：当时是晚上几点？商店的位置在哪里？整个对话的经过是怎样的？男子的特征及样貌是怎样的？店主是男性还是女性？拿走多少钱？往哪个方向逃跑？整个事件持续时间是多久？几点离开的？等等。在如此简单的一段描述中，我们可能会忽视很多隐藏信息，而这些隐藏信息的准确收集，就是白帽的工作。

2. 白帽训练要遵循的原则

（1）你不能任意提高一件事实的层次，除非你有能力去验证它。
（2）在使用白帽思维时，你的态度必须是中立的。
（3）白帽的使用应该成为一种习惯。
（4）防止过度使用白帽。

白帽思维应排除下面的因素：预感、直觉、由经验而来的断定、感情、印象和意见。但这正是白帽思维的目的之所在，提供单纯信息的途径和方式。

（三）绿帽思维

绿色代表生机，绿帽思维则代表创造力，以及产生新的想法和新的看待事物的方式。新的想法、建议和假设可能是什么？我们还有其他方法做这件事情吗？一切的思维目标围绕着"新"展开。但在做这个步骤的工作时，必须有阶段性，也要允许在绿帽思维下，不要求任何"正确"成果，只能要求一种心力的付出。这个阶段划分为：先产生初始想法，然后产生进一步的想法或更好的想法，最后试图产生一个崭新的想法。

手持绿色帽子的人，要充分利用水平思维特质，离开逻辑思维的主干道，尝试运用比喻、拟人去跳脱原本框架，也不要一直停留在产品本身，不断结合新的事物做联想（水平思维、二旧化一新），不用刻意追求最正确的答案，而要追求最新的答案。当感觉思维跳跃出去的时候，再试图和逻辑主干道架起桥梁（见图 4-6）。绿帽的特征就是行动和活力，最重要的事情就是行动。

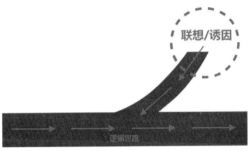

图 4-6　诱因逆转示意图

1. 二旧化一新练习

如果你家的电视节目很好看，你会想到什么？想到什么不重要，我这边有几组关键词，你能否把关键词和电视节目很好看之间的关系嫁接起来，编出一个故事？

青蛙—节目很好看。

仙女—节目很好看。

停车场—节目很好看。

月亮—节目很好看。

苏格拉底—节目很好看。

禁行符号—节目很好看……

这样的词，可以天马行空，和事物本身毫无关联，但你要试图编出"诱因"的故事，再回来连接诉求。

2. 逆向思维练习

如果有一款减肥药，很有效，一吃就瘦，那么用逆向思维法，假设你买了一款没有效果的减肥药，会怎么样？

（1）你的工作单位会怎么样？

（2）你的声音会怎么样？

（3）你的邻居会怎么样？

（4）你的电脑文件夹会怎么样？

（5）你的车位会怎么样？

这些训练，有助于你找到新的答案，但不一定是最正确的答案。没关系，绿色帽子持有者，在整个游戏中是最有权力犯错的身份，而且鼓励你去犯错。

（四）黄帽思维

黄色代表价值与肯定。戴上黄色思考帽，人们从正面考虑问题，表达乐观的、满怀希望的、建设性的观点：为什么可以做这件事情？这样做会带来哪些积极正面的影响？

1. 黄帽思维的用途

（1）探求事物的优点。

（2）证明为什么某些观点行得通，但必须符合逻辑。

（3）当未来不确定的时候，黄帽思维通过一些问题建立可行性的基础。比如寻求线索，预测趋势和其他可能性。

2. 练习一

如果你的竞争对手升职加薪，对你有什么好处？对公司有什么好处？对项目有什么好处？这里需要注意的是，手持黄帽的人，需要在某些有可能看似不利的条件下，找出优势，提出正面、乐观的观点。

3. 练习二

阅读下面的广告，然后写出你认为该食品拥有的好处。"我们向您推荐一种好吃的食品，它可以计算热量。该食品被整齐地分成小块。每块用可以食用的字母清楚地标上所包含的热量和脂肪量。因此在你吃每一口时，都可以很方便地计算你摄入了多少能量！" 这个练习需要注意的是，有些好处需要展开一定的联想，比如"小块"还有哪些好处？或者对食用者食用其他食物会带来什么好处？

（五）黑帽思维

黑色是阴沉、负面的。黑帽思维考虑的是事物的负面因素，它是对事物的负面因素进行逻辑判断和评估。比如，它会起作用吗？它的缺点是什么？它为什么不能这样做？这样做会存在什么危险？

1. 黑帽的用途

（1）对事实和数据提出质疑。

（2）指出不符合经验的方面。

（3）合理地提出自己的个人经验。

（4）指出未来的危险与可能发生的问题。

（5）对黄色帽子的制衡。

2. 黑帽思维的原则

（1）黑帽思维是一种强势思维。

（2）可以用黑色思考帽应付黄色思考帽。

（3）黑帽思维应该提出应对方式。

同样，黑帽需要找出隐藏在问题中的不利面，并且用逻辑论证，在很多时候，找到问题就可以提出建设性方案和解决方法。

（六）红帽思维

红色暗示愤怒、狂暴等情感特征，红帽思维代表情绪上的感受、直觉和预感。比如，我不喜欢这个计划，我的红帽思维告诉我，这个做法行不通；我很喜欢你们处理这件事情的方式，我的直觉告诉我，价格很快会上涨。

1. 红帽思维的用途

（1）承认情感是思维的一部分。

（2）让背景情感现形，以便观察可能带来的影响。

（3）可以让情感得以发泄。

（4）直觉和预感发挥优势。

2. 红帽思维的使用原则

（1）正确认识和运用直觉与情绪。

（2）不要证明或解释自己的感觉。

（3）认可预感，但不凭预感做决定。

（4）避免争辩。

（5）须在 30 秒以内做出回答，避免过度使用红帽。

3. 红帽情绪表

手持红帽的人，被允许将情绪与直觉放进来，不需要道歉，不用解释，也不必想办法为自己的行为辩解。若决定采用某个方案，你现在有什么感受?你的预感如何?你的直觉反应是什么?当你描述自己的情感时，必须划分等级，用精准的词描绘出来（见图4-7）。

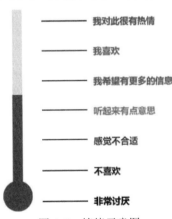

——— 我对此很有热情

——— 我喜欢

——— 我希望有更多的信息

——— 听起来有点意思

——— 感觉不合适

——— 不喜欢

——— 非常讨厌

图 4-7　情绪示意图

借助情绪表描述你的感受，可以让团队的其他人判断你的直觉处于哪个位置。

4. 练习

我们以公司职员晋级为例，红帽思维会用直觉如何判断？可能是正面感受，可能是负面感受，但是需要注意的是，红帽思维需要把背景情感描述出来。比如：如果同事很快升职加薪，公司的其他职员会不满意，会想办法不让他得逞。或者其他职员对升职规则失望，造成怠工，工作没有积极性。

（七）蓝帽思维

想象自己在蓝天翱翔。天空高高在上，如果你飞翔在天空，就可以俯瞰一切事物。戴上蓝色帽子就意味着超越于思考过程：你正在俯瞰整个思考过程。蓝色帽子是对思考的思考。

蓝色帽子意味着对思考过程的回顾和总结。它控制着思考过程。蓝色帽子就像是乐队的指挥一样。戴上其他五项帽子，我们都是对事物本身进行思考，但是戴上蓝色帽子，我们则是对思考进行思考。

戴上蓝色帽子的人会从思考过程中退出来，以便监督和观察整个思考过程：我们现在到了哪里？我们现在进行到什么程度？我们的讨论有没有失去焦点？我们下一步还要做什么？这些问题旨在明确我们此时此刻的思考和进程，监督团队到底是在漫无目的地闲逛，还是在向正确的方向努力。

蓝色思考帽者可以建议换上另外一顶帽子来思考，或者做出总结，或者明确思考的焦点。当大家看起来不知道下一步该做什么的时候，就有必要提出指导建议了。也许每个人对下一步该做什么有不同的意见，这时就需要做出决定。如果大家都清楚地认识到下一步该做什么，那就直接进入下一步。

1. 蓝帽思维的思考程序

除了确定下一步该做什么以外，蓝色帽子还可以用来设计整个思考过程的程序，亦即对不同的思考步骤做出日程安排或确定使用顺序。这通常是在会议开始时进行，但也可用于任一时刻。思考程序可以涵盖整个会议过程，也可以只用于一个项目或项目的一部分。在有些情况下，思考程序由六项思考帽的使用顺序构成。

蓝色帽子旨在正式地对待思考。就像电脑程序设计师为电脑设计程序一样，蓝色帽子也为思考过程设立程序。

2. 随时提出总结

在思考过程中的任何一点，参与思考的成员都可以戴上蓝色帽子并要求做出总结。比如提问："我们现在进行到哪里了？我们走得有多远？我们能总结一下吗？"这个总结可能给大家带来一种成就感，也可能提示大家的思考仍毫无成果，应该改变方向了。蓝帽阶段性总结还能有助于澄清不同角色的不同看法。

3. 观察和评论

相较于其他角色，蓝色思考帽者是俯瞰着整个思考进程的。因此，蓝色思考帽者负责观察和评论。比如："看来到目前为止，我们一直在为会议的目标争论不休"；"我们本来是要考虑好几个方案的，可现在只讨论了一个方案"；"今天早上已经使用了大量的红色思考帽，不必再讨论直观感受了"。蓝色帽子的功能是使思考者清楚地认识到自己的思考行为，监督整个思考行为是否有效。

4. 蓝帽思维的错误用法

在实践中，其实有很多人已经在运用蓝色思考帽，只不过他们不直接这么说罢了。但是，明确地把它说出来会更有效。应该避免滥用蓝色帽子，如果每隔几分钟就中止会议做一个蓝色帽子评论，很容易惹恼大家，偶尔使用会更加有效。

5.蓝帽思维的使用原则

（1）在蓝色思考帽下，不再讨论主题，而应该考虑的是与主题有关的思维。

（2）蓝帽经常使用在思维的开始、中间和最后阶段。

（3）会议主席一般都有蓝帽的功能，但也可以指定另外的人。

（4）蓝帽思维有一个重要的工作就是打断争论。

（八）对六顶帽子的总结

以上就是对六顶帽子的身份和工作的解析。我们在实际使用中，需要注意，参与头脑风暴的成员应该在不同项目中交换使用帽子，不能一直扮演一个角色，甚至可以在同一个项目中，划分不同的头脑风暴轮次，比如一个项目进行三轮头脑风暴，每次都交换使用者的帽子。另一种情况是自己一个人进行发想，那么你就拥有了每一顶帽子的权力，或者可以说，这是一个自我发现的流程，可以用这套工具来管理自己的发想过程，做到每步都有成果，就不容易走进死胡同。

在某些项目中，若时间紧迫，需要形成初步方案，那么可以简化步骤，依次是：蓝——思维任务是什么？白——对于这个情况我们都知道些什么？绿——我们能想出什么主意？

若项目是对原有项目的改进，我们的简化将会是：黑——缺点是什么？绿——如何克服这些缺点？

若对创意项目进行评价，我们可能采取的步骤是：黄——优点是什么？黑——缺点是什么？蓝——我们能总结这些优缺点吗？

因此，在进行一个创意项目的管理中，可以任意组合帽子职权，来达到不同的目的。当然，这套工具有利于创意项目的整体进行，需要反复实践和训练。

第三节　离开原位的发想工具

一、工具介绍

广告创意的目标之一是追求出其不意的广告效果，从而引发消费者关注和购买。没有经验的创作者面对策略单命题的时候，通常脑海中首先出现的就是产品或品牌的样子。若广告的对象是零食，大脑中马上出现的画面就是零食。若广告对象是吸尘器，大脑中立刻就出现吸尘器的形象。这是正常的，没有经过刻意的专门训练，大脑往往会直观地反映出形象本身。但是如果直接将广告的产品画在海报，或做在视频里，那么做的就不是创意作品，哪怕画面十分好看，也只是"视觉"。因为画面里面没有"点子"。可以说，初学者的思维没有离开产品形象，很难做出意料之外的创意，而产品的形象可能就成了创意发想的束缚，广告画面也成了看图说话。

为了避免出现这类情况，打开大家的联想力，教材开发了一套帮助大家联想的工具——离开原位的发想工具。无论你擅长垂直思维，还是水平思维，学会运用这套工具，可以将联想拉离产品本身，从而获得更多的创意灵感，帮助创意工作管理思路，突破思维瓶颈。

这套离开原位的发想工具（见图4-8），分别由中心点、X、Y、Z轴构成。

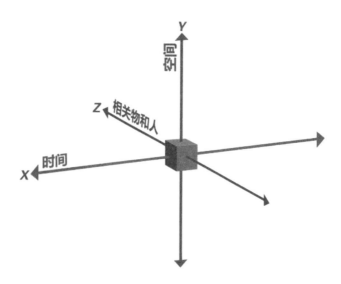

图4-8　发想工具示意图

中心点：产品特性。

X轴：在时间维度上，产品使用前、后的效应。

Y轴：在空间维度上，产品使用对空间的效应。

Z轴：和产品相关的人或物品。

在三轴上任意点相连，都有可能帮助创意者想出创意故事。

二、工具应用

案例一：雷柏RATV——穿墙篇

这三个维度可以单独使用，也可以结合在一起发想。用之前讲的案例举例会更清晰地说明问题，案例是雷柏RATV穿墙篇。想象你买了这个设备，每天都有精彩的电视节目上演。此刻你正在家里使用这款产品看电视，那么先从空间上离开，你会想到什么？你身在卧室、客厅、厨房？还不够远，你隔壁的邻居和你楼下的邻居在哪儿？那么你的隔壁邻居住着谁，是一家三口人吗？你正在看电视，他们在干吗？如果你家电视节目很好看，他们会怎样做？创意有可能就会来了。广告文案：听说，楼上装了RATV。原稿的画面中并没有表现使用者自己，而是表现了邻居的行为。地点也离开了使用者的客厅，是邻居家的场景。整个故事情境围绕着楼下和隔壁邻居的反应，进行了夸张的修辞：邻居一家三口为了看你家电视的精彩节目，破墙入室（参考图2-1）。如果我们把这套创意用发想工具画出来，就会发现在空间和人物上离开了原位（见图4-9）。

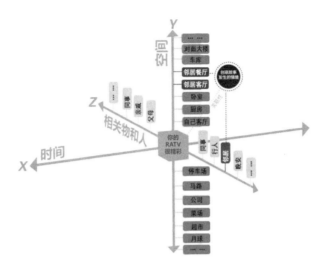

图 4-9 雷柏 RATV 思维坐标示意图

使用这套工具在空间和人物关系上推演，任意找到两个点做结合，就可以杜撰出一套有关产品使用场景的故事，可以迫使创意思维离开产品本身去探索更多可能。但是需要注意的是，无论故事的发想到多远，都需要思考如何与中心诉求关联。如果故事精彩画面引人注目，但最终没有拉回到产品诉求，那么就是失败的广告。

案例二：泰华农民银行——朋友关系

这支广告创意视频的产品是泰华农民银行 App，诉求是 App 使用简单。这是一支内容搞笑的广告（见图 4-10）。

图 4-10 泰国泰华农民银行——朋友关系

（资料来源：泰国泰华农民银行 App 产品推广）

故事讲述了一个刚大学毕业的女生，出发去新的城市工作，但是她有社交恐惧症，只有一个好朋友。朋友教了她很多结交新友的方法，可都不管用，所有人都觉得这个女生不合时宜，说话傻傻的，不愿与她结交。直到好朋友为她想到一个办法——聊农民银行 App 的使用，因为简单，人人都懂，可以创造话题。结果，她通过聊农民银行 App，结交到很多朋友，进入了陌生的社会。这支广告的剧情荒诞搞笑，一举拿下当年很多国际大奖。那么，可以用离开原位的发想工具来考察创意团队是如何想到这个点子的。

这只广告从时间上首先假设的是"事件之前"，在关联人物上跳脱出了使用者（见图 4-11），而从未使用的人物（女主角）入手，那么故事的开端就离开了 App 这个产品本身，看起来是毫无联系的故事。可是因为 App 好用，人人都懂，女主角因此交上了朋友。这个发想的起始点，是同时假设了"因为很好用，用过的人会怎样""没用过的人可以用来干什么"。这两个问题一旦提出，就在时间上离开了"正在使用"这个原位。故事把前后时间串联起来，就可能编写出创意故事了。

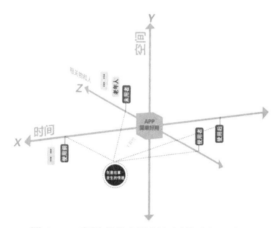

图 4-11　泰国泰华农民银行思维坐标示意图

案例三：泰国旅行广告

这支广告是泰国旅游局的宣传广告，故事讲述了一个叫安娜的女孩去泰国找男友，画面从 24 小时前漂亮的安娜开始（见图 4-12）。

图 4-12　泰国国家旅游局宣传广告

（资料来源：泰国国家旅游局宣传广告）

　　紧接着第二个画面就是一间黑漆漆的房间，安娜像失去直觉一样躺在床上，边上一个男人正在端坐凝视。故事开始就让观众误以为女生是在泰国遭遇了危险。然后影片进行"采访"拍摄，制造调查纪录片效果。出租车司机、酒保、小店老板，好像在追踪安娜事发的神秘原因。当最后采访到一名医生时，结论是："吃了太多好吃的，食物消化后，过一会儿就好了。"这个搞笑广告设计了一个悬念，带大家进入一个悬念破案的故事，却是出乎意料的搞笑结果。

　　这支案例，同样可以用发想工具来考察（见图4-13）。

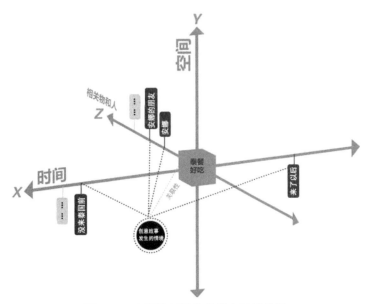

图 4-13　泰国旅行思维思维坐标示意图

　　通过工具我们发现，创意团队是假设了"东西很好吃"之前可能发生什么，首先在时间上离开"正在吃"这个时间点，把时间往前推了 24 小时，设计了一个故事的悬念。创意发想是围绕着假设"很好吃"之前会发生什么？"很好吃之后"又会发生什么？这样的假设，帮助我们设计离奇或搞笑的故事，避免陷在一个点上钻牛角尖。

第四节　思维导图的发想工具

一、思维导图概述

　　思维导图是从根本上把我们脑内世界向外输出的观念、形象图形化、具体化的一种绘图手段（见图 4-14），是管理和再现我们大脑思维的图形技术。不但可以用在广告创意上，也可以用于工作生活的各个层面。有思维导图工具的帮助下，我们可以高效地进行各种创造性工作。

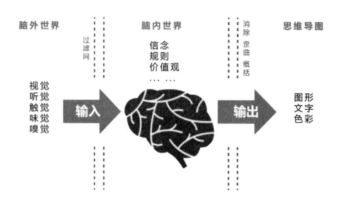

图 4-14　思维方式示意图

在进行创意活动的过程中，大脑基本根据两种思维模式进行运作，即垂直思维模式和水平思维模式。左脑和右脑分配的思维工作不同，在真实的思考过程中，这两种模式相互交叉，感性与理性并用。而在我们做出好创意的过程中，很少有所谓的灵光乍现、一拍脑袋便是一个好点子，却是思维相互叠加、改造、推进、论证。打个比方，创意像母亲的十月怀胎，是一个漫长而辛苦的过程。那么再现我们脑内的思维路径尤为重要。

科学证明，进入大脑的图像、观念、思想、符号、文字、声音、味道等任何信息，大脑都是呈放射状呈现出来，都可以作为一条思维分支表现出来，若用图形表达，则形成放射状结构（见图 4-15）。

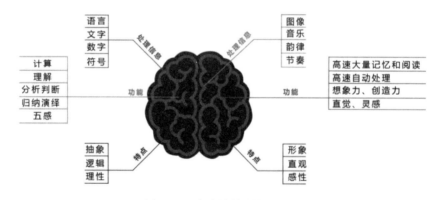

图 4-15　大脑放射结构示意图

英国著名心理学家东尼·博赞在研究大脑的力量和潜能过程中，发现了这个大脑运行的秘密。在 19 世纪 60 年代，博赞发明了思维导图工具，从此风靡全球。思维导图就是一种将放射性思考具体化的方法。

这是模拟大脑的信息图（见图 4-16），同样是一套思维导图：当"芒果"这个信息输入脑中时，大脑一系列的放射思维，有知识性的、观察联想的、味觉的、听觉的、感觉的、触觉的，且每个信息主干背后都可能联系起无数关联性信息。有联想、回忆、经验、形象、符号等。绝妙的创意故事，很可能隐藏其中。

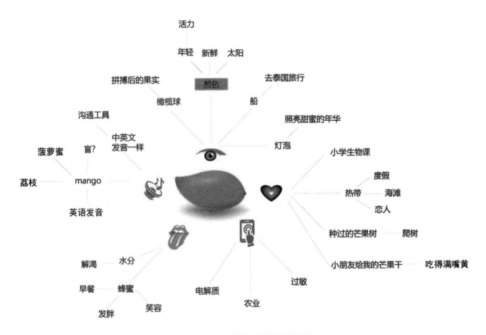

图 4-16　芒果联想结构图

二、思维导图的绘制技巧

在创意实践中，建议初学者用手绘方式绘制思维导图，可以结合马克笔或彩铅等着色工具。因为快速而直观的绘制，会激起你的思维活跃性，而色彩和造型可以帮助你产生联想。另外，也可以借助绘图软件，现在已经有很多软件公司专门开发了思维导图软件，方便快捷。当然传统的 PS 和 AI 等平面工具也可以用于绘制。

随着你的绘制技巧越来越熟练，联想能力也会随之加强。那么你就可以用简易的关键词形式来绘制。熟练的创意人，在下达策略单后，一拍脑袋即是好的想法。其实，这种灵光乍现的现象是假象，是他长期思维导图训练后的结果，能够让他在短时间内、在联想的海洋里很快找到最有可能性的创意点。

（一）思维导图的七个步骤

（1）从一张白纸的中心开始绘制，周围留出空白。

（2）用一幅图像或图画表达你的中心思想。

（3）在绘制过程中使用颜色。

（4）将中心图像和主要分支连接起来，然后把主要分支和二级分支连接起来，再把三级分支和二级分支连接起来，依此类推。

（5）让思维导图的分支自然弯曲而不是像一条直线。

（6）在每条线上使用一个关键词。

（7）自始至终使用图形。

（二）在绘制过程中应注意的事项

（1）一定要用中央图，次主题 3~7 个。

（2）尽可能用色彩丰富的图形。

（3）中央图形上要用三种或者更多的颜色。

（4）图形要有层次感，可以用 3D 图。

（5）字体、线条和图形尽量多一些变化。

（三）思维导图的优势

（1）把学习者的主要精力集中在关键的点上。

（2）增强使用者的立体思维能力（思维的层次性与联想性）。

（3）思维导图具有极大的可伸缩性，它顺应了我们大脑的自然思维模式。

（4）增强使用者的总体规划能力。

（5）思维导图极大地激发我们的右脑，发挥大脑的整体功能。

三、思维导图的应用

案例一：钻石咖啡——当每个人都要依靠你的时候

若有一款咖啡饮料，可以起到提神作用，思维导图会是怎样描绘的呢（见图 4-17）？

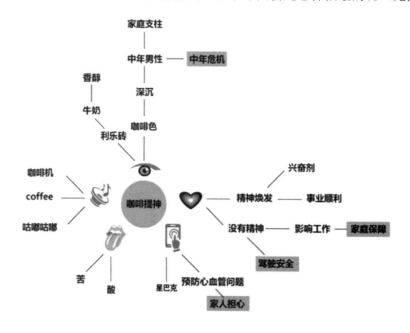

图 4-17　咖啡联想结构图

思维导图制作过程中，先不论对错，要大量联想，当感觉有些关键词可能引发故事的时候，可以深入探索。上面橙色标注的地方，可能就是本案例引发故事的地方。而最终的视觉表现结果见图 4-18。

图 4-18　钻石咖啡——当每个人都要依靠你的时候

（资料来源：Diamond Coffee 钻石咖啡广告）

广告语：当每个人都依靠你保持清醒的时候。图中左边是校车司机，右边是一家之主。这是水平思维中的反向思维法，如果他们身心疲惫会有什么后果？当把家人、驾驶、中年危机、家庭保障这几个关键词串联起来的时候，再借助适当的创意修辞手法或图形表达手法，一个完整的创意平面案例就完成了。这里需要强调的是，关键词要留下说故事的感觉。很多初学创意设计者，写出了关键词，但是却无法通过关键词触发故事。也就是说，思维导图是工具，它能帮助我们理清思路，但若要真正做出精彩的创意，需要对关键词进行分析和联想，还需要大量操作、反思、训练的经验，才能使思维导图发挥作用。

案例二：LIBRE 啤酒——敢于转动的改变

有些产品的同质性很强，比如啤酒、矿泉水，同类产品之间特征差异不大，这在我们工作实践中很常见。遇到这种情况，创意团队就不能从产品特点的角度发想，需要另辟蹊径找到创意出发点，那么思维导图就可以帮助我们从各个角度寻找创意可能性。

下面是啤酒的发想思维导图（见图 4-19），分别从不同的感官角度出发，最后将几个发想节点联系在一起，找到一个很特别的创意。

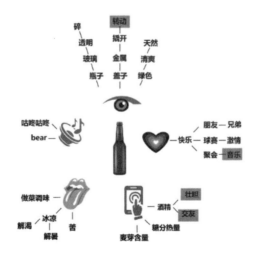

图 4-19　啤酒联想结构图

广告主题是"敢于转动的改变",创意点是转动酒瓶盖子前后而带来的变化(见图4-20)。

图 4-20　LIBRE 啤酒——敢于转动的改变

（资料来源：LIBRE 啤酒品牌宣传广告）

上图是参加音乐选秀,潜台词是:只要"转动"这款啤酒,你就有胆量参加选秀,成为明星。下图的潜台词是:只要"转动"这款啤酒,就有胆量去认识对面的女生。这一套创意虽然产品是啤酒,但是主题是胆量,故事的引线是酒瓶盖子,这些创意点都是脱离了传统啤酒的味道、口感等来发想,找到了不同的角度。

第五章

创意修辞的应用

第一节 "创意修辞"的定义

一、对修辞的认知

修辞技巧，一般认为在文学里使用较多，其实在各艺术门类中是常用手法。广告创意是视觉艺术和文学艺术的综合体，虽然不像文学对修辞有明确的文本格式，但使用类似修辞的技巧是做出好创意必不可少的方法。

从广义的文学角度讲，修辞手法一共有 63 大类、79 小类。它是通过修饰、调整语句等技巧，运用特定的表达形式以提高语言表达作用的方式。

从狭义的广告创意工作角度看，并没有定义严格的修辞的语句格式和类型，但是与文学修辞有很多异曲同工的地方。比如，用一个事物的特征来描述另一个事物的特征，用两件不同形式的事物中的共性做比较，用物比人或用人比物等。本章会介绍一些在创意设计中较为典型的修辞手法，它们是工作中常用的技巧，来帮助我们做出精彩的创意。

当然，就广告创意来说，并不是所有的文学修辞技巧都可以被认为是创意的点子，实际工作中更注重如何用好修辞，从而获得令人意想不到的创意效果。

二、创意作品中的修辞

广告创意中典型的修辞在某种意义上等同于创意的点子。在赛事里，创意评委评判某个作品有没有点子，通常都是指创意中有没有运用创意修辞。那么修辞技巧为什么可以等同于创意的点子，其中又有什么必然的关联？

修辞有三重含义：一指运用语言的方式、方法或技巧规律（即修辞技巧）；二指说话写作中积极调整语言的行为活动（即修辞行为）；三指修辞学或修辞著作。而广告创意中的修辞属于第一种：运用适当的语言组织和视觉规律，来表达主题，即创意中的修辞技巧。修辞技巧在不同民族受不同文化的影响，各有各的习惯用法。在汉语文化中，善用

"比"的手法。如比喻、比拟等。因为汉语描述注重虚写和实写的比照，以修饰文辞的手段，来尽可能好地表达主题效果。

那么，回到广告创意来说，广告的目的是把信息进行有效的传递，没有引人入胜的广告效果，信息无法传递。尽可能地提升广告内容和视觉效果，就是要提高修辞的技巧。广告创意实践中，产品或品牌要做什么，广告委托方是事先明确的，创意团队负责把诉求生动化，造成消费者的关注，引发购买行为。所以，创意不关注"说什么"，这是委托方已经确定的事情，而在乎"怎么说"，也就是如何达到引人入胜的传播效果。

因此，广告创意，是追求创意效果的活动。而修辞是尽可能好地表达主题。两者目的相同，在创意工作中共通。创意的点子等同于使用精彩又恰当的修辞。

三、洞察与修辞的区别

那么，所谓"1000 个创意比不过 1 个洞察"这句话，听上去是把洞察等同于创意，甚至超越创意。到底洞察和修辞之间是怎样的关系？在创意中，它们孰轻孰重？

对于这个问题，我们可以这样理解：洞察是创意的起始点，也就是作文的题目，一旦题目的视角选错了，可能偏题，或可能没新意，就很难写出之后精彩的文章。一个真实而有力的洞察，就像作文找到了独特视角，为好文章做好了铺垫。而创意的修辞技术和文学的修辞技术类似，其作用都是为了把主题尽可能生动地表现出来。所以从创意流程上来说，洞察和修辞是前后关系。从创意结构上来说，修辞服务于洞察，表现洞察。

一个顶级的创意广告，会运用组合技巧，即洞察加修辞。甚至在一支广告中，运用多种修辞技术组合来进行表现。只要是广告创意，都会具备洞察的特征和修辞的技巧。不然，就谈不上是创意作品，成了看图说话。

在实战中，缺乏洞察和修辞的广告作品屡见不鲜。有的创意团队只是把视觉形象等同于创意，或者把形式感等同于创意，没有真正从创意结构的角度去解剖作品中的必需组成要素。但是，处于这个信息时代，随着观众和委托方审美能力、综合素质的提高与眼界的打开，大家不再满足于单调的视觉呈现，会把主视觉作品和创意作品区别对待，创意团队内部分工也开始细化，其原因就是：创意作品有它的特殊性，若一部作品，没有满足作品必需的创意要素，那么充其量只是视觉呈现，它们的功能和效果是不能画等号的。

在这个模块里，会把广告创意中常用的修辞技巧逐一介绍，并配合实际商业案例进行对照和解析，阐释各类修辞技巧的用法和效果。

第二节　比喻、拟人、类比的手法应用

这一节把三种"比"的手法放在一起比较，因为三者有共同点，也有不同点。在创意运用中三者都有相同的结构，即本体、喻体、关联点。但三者又存在概念、定义、作用和运用效果上的不同。

一、比喻手法

（一）比喻的定义

在文学修辞中，比喻是最常用的修辞技巧之一，即用跟甲事物有相似点的乙事物来描写或说明甲事物。在创意设计中，我们用比喻这个说法，是类似文学的比喻，但不完全一致，因为创意修辞的研究和开发还在不断更新和发展中，新的创意法则也在随着时代的变化而变化，并不像文学中已有约定俗成的格式和结构。在创意实战中的甲事物，是品牌委托方想告诉观众的信息，而乙事物就是创意人用来将信息生动化的故事、图形或图像。

我们对传统文学和广告创意中比喻手法的结构、使用条件、作用进行分析，再用广告创意进行解析和比对，使大家能够清晰地找到创意中关于比喻的应用。

（二）比喻的结构

要素一：本体，即诉说对象或者说是委托方的诉求。要素二：喻体，即另外的事物，创意设计中具体指的是故事、图形或图像，用来描述本体的事物。要素三：两个事物之间的关联，即诉说对象和故事图像之间的共通处。

比如，有一款多层夹心巧克力，品牌委托方需要告知大众的信息是"多层夹心"这个特点。而创意作品围绕着"少女的心思"展开故事。初看本体"多层夹心"和"少女的心思"之间毫无关联，但是我们要仔细审题，才会发现其中的奥妙。"多层夹心"这个特点不但是视觉上的，且强调了味觉的丰富感。由此，确定本体是"丰富而多层的味觉"。那么喻体"少女的心思"是怎样的？它是多愁善感、心思繁复、细腻、敏感的。就此，把多层夹心巧克力的口感比作少女的心思是一个绝妙的创意，其关联性在于"丰富而细腻"。这个案例是对本体和喻体视觉表象的突破，对两者的特质都做了解剖和洞察，才能发现两者的关联性。所以三要素缺一不可，组合使用三要素是比喻的基本结构。

（三）比喻的使用条件

本体和喻体本质上是不同的两类事物，同类性质事物不能作比喻。比如，"他的性格像父亲"这不是比喻，而是在同类事物之间做比较。

本体和喻体间必须有相似点，即喻体必须在某一点上与本体诉求点相似，才能用来描绘本体。比如，"人生犹如马拉松"，人生和长跑本质不同，是两类事物。但是在这段比喻里两者的相似性在于：漫长而艰难。再如，"人生就像过山车"，相同的本体，但喻体不同，这段里两者的相似性在于：刺激。所以，我们需要明确本体的诉求到底是什么？创意实战中，一件商品，可能会有很多特点想传播，事先要和委托方明确哪一个诉求点（本体）才是最需要强调的。明确诉求就有利于找出本体隐藏的特征，而不会被本体外在类别束缚。最后寻找同样特征的喻体，即达成比喻条件。

（四）创意中比喻的作用

在创意设计中运用比喻时，无论委托方的诉求多么复杂，创意团队必须化繁为简，用浅显易懂的故事或图像表现。

喻体相较于本体来说，必须将抽象的诉求具体化，使创意作品生动、夸张，这样才能达到创意的目的：吸引大众眼球。

在创意实战案例中，有些委托方想要传播的信息比较复杂、抽象：英国政府曾经委托广告公司做一个公益案例，为呼吁个人和企业不要偷税漏税做一支广告。这个本体的难点在于：老百姓只对偷税这个概念理解，却不知道其后果和危害。大众对具体概念认知不清，没有人性链接点，导致对此行为的漠视。那么创意团队必须对政府税收的意义有一个分解研究，才能总结出最简单、有力的点来告诉百姓。研究后发现，当地政府大量税收流转后，投到贫困医院进行器材和药物的购买。那么接受委托的创意团队就做了一支强盗进入医院抢劫的影片。影片中全副武装的强盗冲入医院，拔掉病人的呼吸机；毁掉正在抢救病人的手术室；烧掉药房。他们抢劫的不是钱财，而是生命。创意团队把偷税人（本体），比喻成一群抢劫生命的强盗（喻体），影片中惊心动魄的场面和残酷的作案手段，给观众留下了深刻的印象，也让观众直观地了解到偷税的危害和后果，即把一个专业的财务概念表达成生动、通俗的犯罪大片。

（五）创意中比喻的案例解析

案例一：奥迪车辆安全监控系统——小丑的考验

图 5-1　奥迪车辆安全监控系统——小丑的考验

（资料来源：奥迪汽车公司宣传广告）

这是一支奥迪车辆安全监控系统的广告（见图 5-1）。影片第一个场景是两个马戏团小丑准备开着自己的小车上路，可是这辆破旧的"小丑车"车门都掉了。片头这样的道具设计，已经暗藏了危险的存在。两人上路，一边急速倒车，一边却在搞怪，连后视镜也没看，根本没有把行驶安全当回事。这时一辆倒出库的奥迪突然响起警报，启动自动刹车装置，避免了一场车祸。第二个场景是一辆外观奇特的"小丑车"，镜头对着车的后视镜，只见驾驶员正在对着镜子画着小丑妆，他突然一个急刹车停在道路中间。而紧跟其后的奥迪安全监控系统同样响起警报，并启动自动刹车，再次避免追尾的车祸。第三个场景是一辆大型"小丑房车"在单行道上强行超车，奥迪安全监控系统再次提前响起警报并启用自动刹车，保障了奥迪司机的安全。最后的场景是一群小车摩托车手围绕着奥迪，有的练杂耍，有的超车，而奥迪车打开车前灯，稳健行驶，最后安全到达目的地。

这是典型比喻修辞。本体：不遵守交通规则的司机。喻体：小丑。把无视交规的司机比作道路上的小丑，真是一个绝妙的比喻。这两者有很好的内在链接，都是无视规则，玩世不恭、不负责任，不但对自己的生命不负责任，也对其他人的安全不负责任。影片只是用普通人的形象来表现不负责任的司机，这个信息传递效果不会如此有效且直接。小丑的形象，很好地概括了这类司机的驾驶态度，恰如其分的比喻突出了行驶中的安全隐患，也突出了安全系统的重要性。

案例二：千层套路

这支日本的广告片（见图 5-2）是上文提到的案例。影片描述的是一个年轻女孩，从赴约准备、一直到赴约结束整个过程中的心理活动和肢体语言，并创作了一首朗朗上口的广告歌曲，把整个赴约过程中要考虑的各种细节问题写成歌词唱了出来。歌词的内容和影片镜头都是讲述如何在约会时获得男生的青睐。仔细看完影片，你会发现这个女生的计划缜密得令人惊叹，在约会中的肢体语言、表达、妆容都非常得体，是精心设计的结果。但是影片结束，却发现广告的对象是一款冰激凌，细看文案写着：千层套路。这个时候，你才会发现比喻完成了，点子出现了。

图 5-2　千层套路

（资料来源：日本雪印乳业产品广告）

这支广告的本体是：千层夹心冰激凌。喻体是：女生的心思和套路。这是一个非常绝妙的比喻手法。在上一个案例中，我们知道本体"司机"和喻体"小丑"都是人，是相同的"物"。而在这个案例中，比喻的本体和喻体跨越了不同的介质，从冰激凌跨越到女生心思。这个比喻的跨度，造成了意料之外的效果，可以说是"开脑洞"。这款冰激凌外观形态等并没有什么特别之处，而夹心口味才是产品特别的地方。"夹心"的特点是每一口下去，味觉层次丰富。产品这个口感特点很像女生的心理活动：敏感、细致、丰富。两者在属性上相差很远，但内涵上却有共通点。

由此，我们发现了一个制造"意料之外"的比喻技巧："跨域介质"，能制造出更精彩的广告脑洞。"跨越"的关键在于剖析产品的内在特征，再去寻找相对应的喻体，就可以将表面看上去互不关联的两者联系起来。这支案例从喻体"女生的心思"来说，对产品也起到了一个非常有效的推广作用，因为冰激凌这类产品的主要受众就是这批年轻女性，整个影片更像是约会教学片，在呈现达成成功约会的秘诀，非常吸引女生去模仿，轻而易举地就把受众人群圈入产品推广中，是非常高明的修辞手法和广告故事，一举两得。

介质转换的发想技巧，提供了一种避免陈词滥调的方法。当然，创意这门学问在不停地发展中，我们也不能千篇一律地认定这就是创意唯一的原则，因为不同的诉求、主题、手法都有可能发现新的创意视角。创意像放风筝，创意者拿捏线的这端进行操控，寻找到好的位置、姿势和路径，将那端的故事放得越远越好，且须保证能收得回来。故事就是那个风筝，手上拿着的线轴就是发想技巧，需要长期进行练习，才能把风筝放得很高、很远。

案例三：长寿牌 LED 灯——继承父爱的光辉

在日本的 OCEDEL 品牌的产品广告中，调性荒诞、搞笑又略带伤感，是日本艺术的特征。从创意手法来说，整个广告运用了两次比喻的转换。图 5-3 所示影片讲述了一家四口人因为交不起电费，给生活带来不便，父亲便决定进入森林寻找光源。五年后的一天，敲门声响起，母亲去开门时才发现，父亲变成了"萤火虫"。从此，父亲负责家里的照明工作，爬在墙头为一家人提供光源和快乐，生活得以继续。他也为家门口的工地提供照明，帮助工人施工。可在一天晚上，儿子无意中从书籍上得知萤火虫的寿命只有一周，就在这时父亲从墙上掉落，家庭再一次陷入黑暗。影片最后广告语字幕出现：长寿 LED 灯，继承父爱的光辉。

那么在这支影片中，很容易这样理解：本体为父亲，喻体为萤火虫，这样理解对不对？父亲和萤火虫两个事物之间是没有内在关联的。而正确的理解为：本体为父亲的爱，喻体为萤火虫的光辉。这两者的共性是：照亮了别人，燃烧了自己。讲的是父爱和光辉之间的关系。那么当影片中的儿子发现了一个残酷的事实时，即萤火虫只能存活一周，把影片带入了悲哀的节奏。可是广告片完成了一个反向的第二次比喻，即：让长寿 LED 继承父爱的光辉。因为该品牌的电灯使用寿命极长，把产品特点通过比喻修辞清晰地传递出来。这里的二次比喻的本体是长寿 LED 灯，喻体是父爱的光辉。

短短的一支影片，运用了两次脑筋急转弯和一次反向思维。这就像拳击比赛时的一套组合拳进攻，让品牌特征和故事性很好地联结在一起，阐述了产品特点，且赋予了影片日式独有的悲喜参半调性。

图 5-3 日本 LED 品牌 OCEDEL——继承父爱的光辉

（资料来源：日本 LED 品牌 OCEDEL）

案例四：宝洁公司 Old Spice 男士止汗香体液——干爽一夏

Old Spice 是一款皮肤干爽用品，功效是快速除汗液，让皮肤保持干爽。在产品广告片中（见图 5-4），出现了一对夫妻和一片旱地，从农民夫妇的对话里得知，土地已经干旱很久了，没法种土豆。丈夫说：幸好我们还活着。话音未落，妻子就被一大圈"植物"卷走了，最后出现产品和广告语：干爽一夏。

这个比喻很明确，是把没有汗水、保持干燥的皮肤比作了旱地，旱地上无法种土豆，也就是无法繁殖有害物，这对夫妻从影片中猜测可能是"细菌夫妇"。看上去是一个悲剧的影片，其实是一个搞笑片段，从人类的视角来说，无菌无汗、保持干爽当然是好事，但从细菌的角度来说就不是了。在这个简短的广告中，提示了一种寻找"比喻"的可能性，就是改变观察视角。如果把事物放大，就很可能从特殊视角里看到另一个完全不同的世界。

改变观察视角会有利于寻找精彩的事物描述角度。很多时候，创意人苦于没有精彩喻体，这可能是因为对本体（产品）的性质和特点分析、认识不足，没有找到核心诉求。也可能是没有想到可以用来关联的喻体，缺乏独特的视角和有趣的故事。人们习惯了用双眼观察世界，从个人的观察中获得故事的灵感，但双眼的观察有限，彼此之间又近乎雷同，当然很难找到独特又新奇的故事。在作品中的很多视角，往往是想象的结果，而不是观察的结果，这会大大拓宽我们的思路，比如上帝视角、蚂蚁视角、细胞视角、雨滴视角等。这些视角不但突破"人的视角"，还可以突破"生物视角"，甚至于突破"物理视角"。

图 5-4　宝洁公司 Old Spice 男士止汗香体液——干爽一夏

（资料来源：宝洁公司 Old Spice 男士止汗香体液宣传广告）

案例五：百威 Michelob ultra 原生态啤酒——回归自然

这是一支美国农业有机认证（USDA）的原生态啤酒的广告作品。影片开始时向我们展现了某个都市生活中平凡的一天（见图 5-5）。街道堵车、拥挤的人群，大家像平常一样百无聊赖地沉沦在嘈杂、繁忙的生活中。可能是厌倦了疲乏的生活，人群中一名男士遥看远方，且慢慢举起了一只手，迎向阳光。而被光照耀到的地方，正在发生一些不可思议的变化，人的举止慢慢变成动物的肢体语言。这样的变化像会传染一样，人们一个接一个地找到了自己身体内隐藏的"动物"。大家聚集起来，像动物的大迁徙，聚集在山顶，遥望远方。广告语：原生态啤酒，回归自然。

图5-5　百威Michelob ultra原生态啤酒——回归自然

（资料来源：百威Michelob ultra原生态啤酒宣传广告）

这支作品把喝完啤酒的感受比作回归大自然。用镜头、置景、角色共同还原了大自然的场景和气氛。而作品的优点，在于表达人物变成动物的时候，没有用真实的动物，而是用肢体语言进行动物模仿，且利用镜头的远景拍摄，还原了大自然动物迁徙的场景，比喻手法形成。为什么说这个"模仿动物"手法要好于"变成动物"？因为模仿位于真实和虚构之间，让观众产生错觉和联想，让他们能自觉参与到作品中。我们把这种手法称为"最小化处理"原则。在下一小节中会具体阐释。

案例六：捷克EKOKOM垃圾分类回收公司——各司其位

垃圾分类已经融入我们现代城市生活，在城市里也可以看到此类公益宣传。这支广告作品是关于捷克实行垃圾分类前的公益宣传广告（见图5-6）。

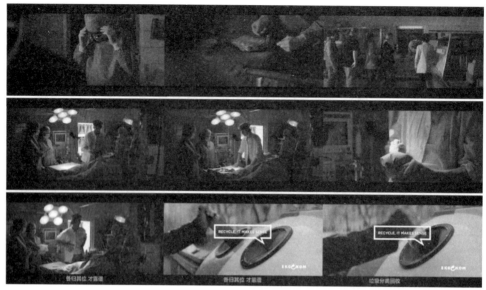

图 5-6　捷克 EKOKOM 垃圾分类回收公司——各司其位

（资料来源：捷克 EKOKOM 垃圾分类回收公司品牌广告）

影片开始时一位外科医生打扮的年长者，正在认真地戴上眼镜，一丝不苟地进行术前准备。但他手下不是一个病人，而是一块牛肉，他用精密的外科手术般的技术，切割牛肉的部位。镜头拉远，观众才发现这不是一场真实的手术，而是菜市场里的一个肉摊，后面等待的客户已经排成队，不耐烦地看着这位医生切分牛肉。同时，在另一个手术室中，一个屠夫打扮的毛头小伙，自信地从患者身上切下一大块内脏，随意扔在手术盘中，随后拿起油纸包裹起来，还不忘记写上分量。最后出现分类垃圾桶的镜头，广告语是：各司其位，才靠谱。

从这个作品的比喻手法来看，更像文学中的类比。作品基于两种不同事物，但其内在道理类似。借助喻体（职业错位）特征，通过联想来对本体加以修饰描摹的手法，也是种说理方法。这里是用医生和屠夫的职业错位闹出的荒诞笑话，来映射没有垃圾分类的生活同样不合理。创意团队运用这个荒诞有趣的比喻，强化了垃圾分类的必要性。公益广告说教式的宣传，我们屡见不鲜，但似乎没有引起我们的重视，不妨可以运用一些创意手法，不但强化、夸张了公益内容的核心，让大众对其必要性有深刻的认知，也可以给观众带来乐趣。

案例七：亨氏辣椒酱

下面这幅作品虽然表达简单，但创意效果却很好（见图 5-7）。作品的发想先用了一个逆向思维：没有调味料的食物是怎样的，一定是枯燥无味的。而修辞技巧集中在如何表达食物的枯燥无味，也就是无味的食物是什么、像什么。这里用到的喻体很极端——瓦楞纸。我们辨别瓦楞纸是从视觉和触觉上，并不是味觉，但反而能强烈地感受到它的"粗糙无味"，让人有"反胃"的效果。观众从对瓦楞纸触觉的了解，转化成味觉的联想，这就是跨越介质的比喻，启动了感官共通的联想，让观众去参与联想，放大感受。

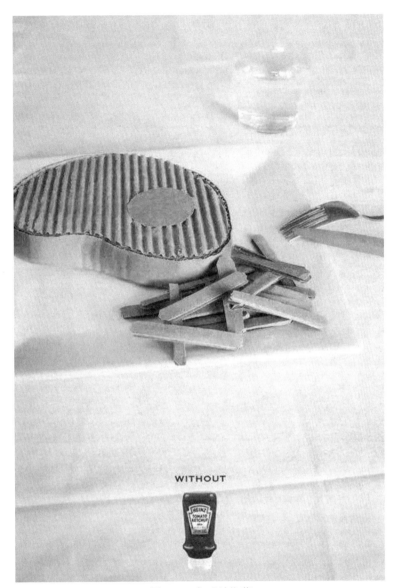

图 5-7　亨氏辣椒酱

（资料来源：亨氏集团辣椒酱广告）

　　试想，这里若用"牛排像白米饭一样无味"这样的比喻，肯定不会有如此精彩的效果。因为用米饭的无味比喻牛排的味道，两者同属味觉感受，并没有跨越介质，很容易落入俗套，创意效果会大打折扣。这里需要注意的是：喻体必须具备大多数人的共通经验，否则无法达到传播效果。

　　案例八：倍儿乐 Playtex 奶嘴——专为麻烦的小朋友而设

　　下面这组运用比喻的平面作品，展现了创意中举重若轻的效果（见图 5-8）。奶嘴是为了爱哭闹的婴儿设计，创意在发想的起始，就运用了一个反向思维的技巧，也就是假设最让父母头疼的小孩是什么样子的？那么"比喻"的结构就出现了。图中三个小孩的打扮让观众联想到三种所谓"麻烦"的角色：美国机车党、日本社团、欧洲摇滚青年。这三个类型都代表了叛逆的个性，是公认的"麻烦角色"。如果把"麻烦的小孩"用"麻烦的角色"发想，可能会产生很多日常认知，比如常说的小孩是小魔头、小魔王、小恶魔。但没有这三个角色来得好，原因很简单：喻体现实且具体。小恶魔也好，魔王也罢，只是抽象的描述，观众对这些抽象的喻体并没有具体认知，每个人对小恶魔形象的想象又不同，无法达成共识，也就是说他们的"坏"是虚构的、抽象的。而这三类人群的"坏"是具体的，观众立刻就可以通过装扮识辨出他们，理解到底是"如何一种坏法"，是具体的，且能够立刻从符号（装扮、纹身）辨别。所以，喻体尽可能满足观众的普遍认知，是让观众清晰把握喻体的前提条件，不然修辞效果就会打折扣。

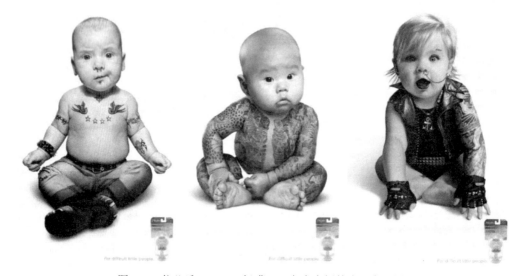

图 5-8　倍儿乐 Playtex 奶嘴——专为麻烦的小朋友而设

（资料来源：倍儿乐婴儿用品广告）

　　另外，在作品里也体现了"最小化处理"原则，作品表现没有添置多余的元素，来让观众理解宝宝的隐藏身份——小坏蛋。仅仅利用装扮就将身份做了转变，即可爱的宝宝和坏蛋之间的巨大逆转，只是添加了几笔妆容。另外，三组不同的"坏蛋形象"，还隐藏了另一个信息：无论怎样的宝宝都适用。可以说，小小的创意之举，传递了巨大的信息量。这就是举重若轻的创意效果。

二、拟人手法

（一）拟人的定义

　　拟人，就是根据想象把物当作人来叙述或描写，使物具有人一样的言行、神态、思想和感情。一句话，拟人就是用写人的词句去写物，这种手法又叫作"人格化处理"。这是锤炼描写手法、把事物表现生动的又一重要方法。

　　在广告创意中，可以说拟人是最常用的手法，因为几乎所有的产品都是"非人物"的产品，如服务产品、零售商品、金融产品、电子用品、虚拟产品等。但若想让这些产品与消费者产生深层次的互动，让消费者有认同感或亲和力，往往会将产品人格化、情感化，来促进和消费者之间的黏度。下面先来介绍在传统文学中对拟人修辞手法的定义。

（二）拟人的分类

拟人在文学中的运用形式，主要有以下几种：

1. 把动物拟人化

例如："海底的动物常常在窃窃私语。""它们吃东西的时候发出一种声音，行进的时候发出另一种声音，遇到危险还会发出警报。""还有些贝类自己不动，能在轮船底下作免费的长途旅行。"《海底世界》里的这些句子，把海底的动物比拟成活生生的人，既突出了它们的特点，又让人感到亲切、有趣。

2. 把植物拟人化

例如："珍贵的花草不容易养活，看着一棵好花生病要死，是件难过的事……因此，我只养些好种易活的自己会奋斗的花草。"（《养花》）"细雨如丝，杨梅树贪婪地吮吸着这春天的甘露。它们舒展着四季常绿的枝叶，一片片狭长的叶子在雨雾中欢笑着。"（《我爱故乡的杨梅》）前者，花草怎么能自己"奋斗"呢?这里显然把花草比拟成人了。后者，作者把杨梅树比拟成人，写杨梅树"贪婪地吮吸着"春天的甘露，"舒展着"枝叶在雨雾中"欢笑"，这样就生动地描写出春天的杨梅树生机盎然的形象。

3. 把一般事物拟人化

例如："我走向船头，迎着猛烈的海风，望着无边无际的大海。船头飞溅起来的浪花，唱着欢乐的歌。"（《大海的歌》）这里把浪花人格化，充分表达出"我"此时喜悦的心情。"兴安岭多么会打扮自己呀：青松作衫，白桦为裙，还穿着绣花鞋。"（《林海》）这里把"兴安岭"人格化，更加突出了兴安岭的美。

除了以上三种拟人运用形式之外，有些文章（如童话、成语故事、寓言故事、科学知识小品等），也可以通篇采用拟人的手法来写。在这些文章里拟人已从锤炼语言的方法，发展成一种构思、写作的方法了。

文学作品中正确运用拟人的修辞方法，可以使抽象的事物具体化，使无生命的事物活跃起来，增强语言的形象性和主动性、新颖性和趣味性，便于作者托物抒发感情，提高文章的感染力；有助于读者对表达的事物形成鲜明的印象，感受作者对该事物的强烈感情，从而引起共鸣。而广告创意作品中的拟人手法和文学中的相似，从所起的作用来说也是一样的。

（三）创意中拟人的作用

让广告受众置身在品牌创造的文化氛围中，增加品牌与消费者黏度。广告创意中可以体现品牌对消费者的关怀和友善，让消费者感受到品牌的态度和主张。广告创意中可以将较为复杂的产品特点单纯化、人格化、情感化，来生动地传递信息。

（四）创意中拟人的案例解析

案例一：保护国际基金会公益广告——我是大海

这是一支公益广告片，呼吁人类携手保护大自然（见图 5-9）。类似这一类的公益广告很多，在本教材中也有举例。公益广告的难点在于如何才能真正敲击大众心灵与之产生共鸣，这不但需要精准的洞察力，也需要高超的修辞技术。这支广告恰到好处地用了拟人手法，让观众被"大海的诉说"所震撼，很好地诠释了拟人技巧在作品中的作用和效果。

图 5-9　保护国际基金会公益广告——我是大海

（资料来源：保护国际基金会公益广告）

"我是大海。"

"我是地球上的巨无霸，我塑造了地球的模样。"

"每条溪流、每朵云彩、每滴雨点，都融汇到我身体里。"

"……我是生命的起源地。人类？也不例外。"

"我从不亏欠，我恩赐。他们得到，但最终还得还给我。"

"这就是天地之道，地球不属于他们……"

"而人类，索取的超过他们付出的。毒害了我，还指望我满足他们的胃口。怎么可能？"

"如果人类想和我和谐共处，互不侵犯。"

"听好了，我只说一次。"

"如果自然不再健康，人类也不复存在，就那么简单"

"……我是大海。过去，我覆盖全球。未来，我也可以。"

"我说完了。"

最后出现广告语：大自然不需要人类，人类依赖大自然。

影片的诉说如此令人震撼，但片中并没有出现具体的人形，只出现了大海的各种自然现象。但是，创意团队显然是把大海人格化了，这里的人格化仅仅通过了声音的塑造，其中包括语气、语调、语音、内容等几个方面，观众通过倾听大海的诉说，感受到大海的冷漠、失望、愤怒和警告。这就是人格化处理。

拟人的人格化处理，并不是仅仅出现人的形象，而是要通过整体塑造，包括形象、语言、色调等诸多要素，对主角进行性格、态度的塑造。在这支影片中，着重于声音的塑造，观众通过语言，感受到大海的性格和态度而被震撼。同时影片的镜头素材看似简单，却是配合了大海讲述的情绪进行安排。影片前半段使用平静和广阔的海面，以及多彩的海洋生物作为视觉素材，是为了配合大海自述的内容和冷漠的语气。而后半段，视觉素材转向大海的咆哮、巨浪等情绪激烈的素材，以及大海对人类的警告语气和愤怒情绪。最后又恢复了平静，表达大海对人类的失望和对"大海将永存"的阐述。镜头虽然简单，但每一幅画面都紧密配合着诉说的情绪，把大海的个性深刻地塑造出来，令人产生无与伦比的心灵震撼。

那么，在一支广告中，如何去训练人格化处理的能力，这里介绍一种训练方式：第一人称代入练习（见图 5-10）。

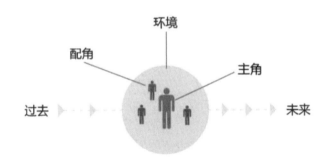

图 5-10　角色代入示意图

这样的训练类似演员训练，把自己作为主角投入假想的特定身份和特点场景中，根据场景的环境、配角、过去、未来、诉说对象五个客观要素的支撑，来揣摩和想象虚拟身份的情绪和态度，并需要把内在的情绪表现在语言、语气、肢体、表情等外在的细节层面，来增加表现力。很多时候，往往是细节带出了身份的内在情绪。比如在《我是大海》的广告中，中间部分大海对人类说"我只说一次"和最后的"我说完了"这两个细节，表达了这是大海的最后警告，观众很容易接收到大海是怎样的性格，这两句话依次表达了大海的愤怒和失望。也可以让观众联想到"人类破坏大海环境已经很久了"这个事实。大海并没有直接说出这句话，而是用了有代入感的措辞和语气，表明了自己的悲哀和失望。广告中拟人手法不是单纯的人形化，而是人性化，以此来表达广告诉求，感动观众。

案例二：泰国维丽娜减肥胶囊——交通管制

减肥一直是热门话题，关于减肥产品也是层出不穷，但是吃减肥药一直被认为是不健康的减肥方法。泰国的维丽娜减肥胶囊广告，以幽默态度和简要明确的信息，清晰阐述此款药物的工作原理，消除了消费者的疑虑（见图5-11）。

图 5-11　泰国维丽娜减肥胶囊——交通管制

（资料来源：泰国维丽娜减肥胶囊产品广告）

影片开始是一名身材姣好的女性拿起一颗小小的白色胶囊。镜头接着就切换到一条宽阔的公路上。从胶囊里走出一位身穿警官制服的男士，四处环顾。一辆满载货物的小型卡车经过，交警和货车司机的对话内容，完全阐明了减肥药的功能。

"后面装的是什么货物？"交警问。司机打开后备箱，全是肥油。

"全是肥油。哪里来的？"交警继续询问。

"从嘴巴。"司机说。

"去哪里？"交警询问。

"去肚子。"司机回答。

"你违规了，要拘留。"交警毫不犹豫地给出了判罚结果。

"警官你疯了？从嘴巴到肚子我走了20多年了！每天走，从没被抓过。"

"今天就要抓。"交警冷漠地答道。

"犯什么法了？"司机冤枉地问。

"运送油脂罪。"交警说。

"从没在这条路见过你，你从哪儿来的？"司机愤怒地问道。

"大小姐。"交警冷漠地回答。这时,又一辆轻便摩托经过,也被交警拦截下来。

"去哪儿?"交警问。

"去大腿。"摩的司机回答。

"打开检查。"交警说。

司机打开储备箱后,交警问道:"全是油?"

"当然全是油,没油我怎么开?"

"不能进!"

"什么油都不能进?"俩司机问道。

"不能。"交警还是冷漠地回答。

"你到底是谁?"司机问。

"壳聚糖。"交警答。

很明显这支广告是用了拟人手法。和上一支不同的是,把本体壳聚糖胶囊具象化为了交警(见图 5-12)。有具体的人形、身份、职业,又带着自己的职责、态度、语言。另外,把整个肠胃环境比拟成高速公路,把各种脂肪元素比拟成司机。相对于上一个案例,这种颇具创意的"整体场景比拟"手法,塑造了交警(壳聚糖)的态度,让观众感觉到客观、公正、铁面无私。作品利用配角司机(脂肪)和高速公路(消化系统)的人物与环境塑造,更清晰地阐述了该产品是如何在人体内工作的特点。

图 5-12　角色代入联想示意图

从减肥药工作原理来说,部分药物是加快心脏跳动,从而带起人体新陈代谢,这些药物在某种程度上对人体都有一定危害。所以,清晰地阐述该药工作原理为"阻断油脂",是该产品广告的首要任务,而不能空谈吃了以后的效果。在这里,恰到好处地用了"整体场景比拟"的手法,塑造了主角、配角、环境,清晰表达了该产品在体内的运作原理,满足了品牌方的第一诉求。

案例三:　肯德基——问鼎天下

肯德基是全世界家喻户晓的品牌,产品几乎走进过城市的每个家庭。但是,在西方圣诞节当天,吃火鸡是流传已久的历史传统。作为肯德基这样的大品牌来说,如果能把握住圣诞节这个消费节点,改变传统饮食习惯,无疑是一个持续性的消费增量。下面介绍的这支创意案例,是肯德基利用拟人手法,对西方传统饮食观念发起的一次挑战,也是一个崭新的尝试(见图 5-13)。

图 5-13　肯德基——问鼎天下

（资料来源：美国肯德基跨国连锁餐厅）

　　影片开始是一只公鸡在阳光下、雪地里长途跋涉。跨过山川，越过河流，小心翼翼地走过冰面，每一个脚印都坚实地留在厚厚的雪地里。配合着雄壮的进行曲背景音乐，塑造了一个活生生的孤胆英雄形象。当它正大步迈进时，音乐戛然而止。原来是道路一边杀出一只火鸡，两眼直勾勾地盯着公鸡，周围空气像凝结般，气氛一下子紧张起来。火鸡发出挑衅式的低吟，慢慢张开巨大的尾巴。就在这时，公鸡猛然跳跃，扑腾着翅膀，毫不胆怯地迎敌。火鸡见状，假模假样地扑腾了两下，扭头便灰溜溜地从路边溜走了。此刻，雄壮的音乐继续响起，公鸡猛然收回翅膀，像凯旋的英雄一样，每一步都踩在进行曲的重音上，昂首而去。

　　这支创意作品中，公鸡既没有以人的形象出现，也没有任何对话，但还是拟人。导入角色示意图会发现主角、配角、环境几个要素的关系非常清晰。这支作品的拟人手法高明之处在于使用了"最小化处理"原则：作品中省去了对公鸡外形比拟处理、沟通言语的处理等较为显性的要素，没有大费周章，仅仅通过镜头语言和音乐卡点，配合故事情节的冲突，还原了孤胆英雄的原型，完成了拟人。无论是主角公鸡，还是配角火鸡，都让观众很容易就抓住它们的性格特征。这是"最小化处理"的一种方法。

　　这里有必要重点阐释作品中的一个要素，即公鸡的肢体语言。观众可能会说，由于公鸡肢体语言的塑造，才能展现出它的个性，是显性的人格化处理。但若细看两遍，观众会发现这些所谓的肢体语言，并不是人形化以后的表现，也就是说并没有把翅膀当作手来演绎，表情也不是人的表情。这里恰恰是运用了"最小化处理"原则，几乎是完全运用了公鸡作为动物的所有特征，只是将这些特征用特定的镜头角度去表达，产生了恰到好处的联想效果。作品的绝妙之处在于，影片中的孤单英雄，是观众通过镜头和音乐的塑造，自己想象出来的形象。

高明的创意都会尽量遵循"最小化处理"的原则，做最小的改动，起到最大的反差。教材模块四中讲到：观众依靠创意者铺设的线索，启动联想，参与到作品中来才是最有效的。作品不是告知什么，而是让观众自己想到什么。为了让大家更好地掌握"最小化处理"，下面再举一个例子来说明。

案例四：宜家——台灯

这支宜家家居广告创意作品，在拟人手法上，同样运用了"最小化处理"原则（见图 5-14）。

图 5-14　宜家台灯

（资料来源：宜家家居产品广告）

影片开始，是一位女士抱起房间角落的台灯，显然这款台灯的样式已经老了，女士抱着把它放到了家门外的路边，它被遗弃了。夜晚的街道下起大雨，路上没有一个行人，台灯显得寒冷、孤独、可怜。此时，镜头从被丢弃台灯视角朝着女士的房间看去，透过窗户房间里透射出暖洋洋的温馨气氛，是女士的新式台灯照亮了全屋，与窗外阴冷的街道形成鲜明的对比，观众的情绪被台灯的处境感染。当观众还在为弃灯难过时，路边突然出现一个男人，对着镜头说："旧台灯是不是很可怜？怎么可能？这只是一只台灯，灯又没有感情，还是换新的吧！"最后出现宜家的商标和广告语"焕然一新"。

　　作品中的台灯既没有人形，也没有言语。可是在观众的联想中，台灯充当了这家人"孩子"的角色。和上个作品一样，这里运用了"最小化处理"原则，对弃灯没有做任何形象上的塑造，只运用了镜头语言和配乐的巧妙结合。

　　有几处细节处理得当，让观众情不自禁地联想起"被遗弃的孩子"：女士抱起台灯的镜头；放低镜头，拍摄路边的台灯；以台灯视角看着女士进屋；以台灯视角拍摄的房间窗户。这几组镜头的相互连接，是把台灯作为人的第一视角拍摄，配合音乐效果，完整展现了台灯被遗弃的可怜与无助。所谓人性化即可以通过镜头语言的组接赋予主角情绪状态。直到最后男人说的一番话语，才把观众从自己的联想中拽了回来："这只是一只台灯，还是新的好。"全片中台灯没有任何显性化的拟人处理，而观众通过镜头语言技巧，想象了一个"被遗弃的孩子"的身份附加在这只弃灯上。从这个案例可以看出，利用镜头语言做拟人的"最小化处理"，比直接告知观众要有效，要不是男人的出现将故事转折，观众会完全沉浸在自己的想象世界里——被遗弃的孩子。

　　我们可以用这个作品做个想象试验，假如这只台灯有手、有脚、有对白，也就是人形化，那么作品便不伦不类，既不写实又不奇幻，观众的联想能力被封闭，效果不佳。坚持"最小化处理"的原则，虽然对创意难度提升了很多，但是作品则更加精彩。

　　案例五：沃尔沃——无惧挑战的挖掘机

　　在前两支作品中，"最小化处理"是通过镜头语言和背景音乐的组接，引发剧情冲突，烘托气氛，塑造主角的"人性"。而这支沃尔沃挖掘机的作品，向我们展现了另一种拟人"最小化处理"的可能性（见图5-15）。

图5-15　沃尔沃——无惧挑战的挖掘机

（资料来源：沃尔沃品牌广告）

影片开始，一位表情严厉的教官正驱车驶入山谷。

"起床！你们这些懒蛆。"教官下车大喊道。接着，镜头中出现成排的巨型挖掘机，整齐地列队排在教官面前。"今天我负责调教你们。"教官说。挖掘机们往后一退，显然是被吓到的举动。

"20个俯卧撑！马上！"教官发出命令。挖掘机一字排开，用抓斗支撑起庞大的身体，一个、二个、三个……动作和节奏完全一致地做起了俯卧撑。紧接着教官跳上其中一辆，指挥着各种高难度的转体动作，几辆机器围成整齐的圆圈，又整齐划一地做起速度一致的翻滚动作，完全就是一群身经百战的战士，统一听令，动作划一。随着训练难度越来越大，教官也越来越严厉。跑步、登山、列队，最后竟然用抓斗将巨型的车体吊起，做起了引体向上。"干得漂亮，懒蛆们！"教官得意地说完，驾车而去。广告语出现：无惧挑战的挖掘机。影片结束。

影片里的教官暴戾严格。挖掘机显然扮演了士兵的角色，教官的魔鬼训练并不能难倒这些庞然大物。说到底，这里的士兵，也是观众想象的结果，并不是具体的士兵形象。而巧妙的地方就在于，创意者将挖掘机的性能融在挖掘机的"训练"里，展现出真实挖掘机的机动力。没有观众会觉得这是故意为了扮演士兵而做出的影视特效。本片里的"最小化处理"，虽然不是用镜头语言的组接，但是还原了真实的挖掘机的极限功能，暗示训练有素的士兵的形象，又真实地展现出该品牌机械的强大机动力。

案例六：联合利华男士洗面乳——别让油腻皮肤抢戏

图5-16 联合利华男士洗面乳——别让油腻皮肤抢戏

（资料来源：联合利华男士洗面乳产品广告）

在这支泰国搞笑广告里（见图5-16），描述了一对情侣初次约会的情境。男女主角正兴致勃勃地谈论有关生活的话题，突然走来一个光着膀子的彪形大汉，大汉肌肉强壮，他用充满渴望的眼神审视男子的脸庞。男子一头雾水，并极力想挽回尴尬的场面，可是大汉竟然用手擦拭男子脸上的油腻，涂抹在身体上。这是参加健美比赛的妆容（健美比赛选手必须用橄榄油涂抹身体，来获得视觉效果），一边擦拭，一边向边上女孩展示强壮的肌肉，场面尴尬至极。最后广告语出现：别让油腻皮肤抢戏。

作品中的大汉荒唐地闯进二人世界，让人忍俊不禁。大汉是喻体。创意者把"油腻会抢戏"的尴尬具体演绎了出来，编成了一段荒诞故事。作品用拟人手法，将油腻的尴尬夸大，强化了观众不知道的后果，达到了宣传控油必要性的目的。

案例七：Spit植筋胶——超牢黏合

Spit植筋胶的作品在上面的章节已经了解过，但是这组作品如此经典的另一个原因就是运用了得当的修辞手法。拟人手法将产品的功能夸张放大（见图5-17）。

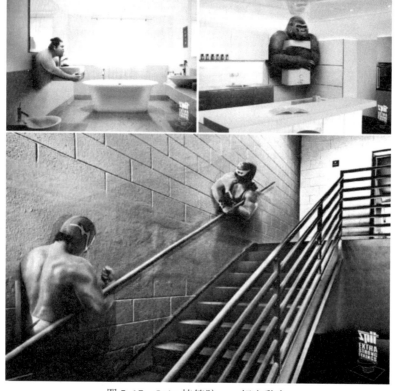

图5-17　Spit植筋胶——超牢黏合

（资料来源：Euro RSCG 360广告公司）

作品将胶水的强黏合力比拟成大力士，牢固作为形容词，却被人形化地表达出来，这是跨域介质的表达，直观简练，也是画面出彩的原因。在实际项目中，很多产品效果无法清晰地表述，可能要运用图表、解释等各种手段去宣传，而我们的创意，就是将冗长而复杂的产品功能，简单强烈地传递到消费者心里。拟人手法不但能够精准明确地传递信息，并且代入人性，使消费者在情感上得到共鸣，从而强化品牌认知。

案例八：Channel 4 电视台——台标形象

教材第三章中，介绍了品牌和产品的差异。当创意团队接受案子时，首先要辨析广告宣传主体此次广告的目的，是品牌态度的输出，还是其产品功能信息的传播。如此才能把握创意的方向，不至于搞错传播目的。

Channel 4 电视台的这支作品是以品牌的人性化关怀作为广告方向，是品牌价值的输出。而该作品采用拟人的反差处理手法，将冷冰冰的数字品牌变成有情感的活体，让品牌态度深入人心（见图5-18）。

图 5-18　Channel 4 电视台台标形象

（英国 Channel 4 公共服务电视台品牌推广）

影片开始是一个类似人形的机器，有着庞大的身躯，跋山涉水来到一个平静的小镇。它的到来给小镇增加了很多快乐，它参与孩子们的运动，和残疾人比赛，还用庞大的身躯带着镇上的居民跨越大洋，去领略外面更大的世界。最后观众会发现这只巨型的几何体是电视台台标的组合，它的符号的意义也被涵盖在这支影片中："带来快乐、领略世界"。该品牌的这个诉求是比较宽泛的，不像产品的利益点如此明确，更多地是一种态度和亲和力。在此，拟人手法和反差处理就发挥了作用，观众可以从影片中很明确地感受到符号的人性：它巨大的钢铁身躯下，隐藏着一颗柔软的爱心。内在心灵和外在形象形成巨大的对比。按照一般的理解，观众看到如此可怕的巨型身躯，可能会猜想巨兽毁掉小镇类的俗套故事，而本片的转折着力制造善良巨兽的反差效果，是创意类作品常用技巧之一，是为了让观众在惯性思维中进行转折，从而达到超出观众预知、吸引其注意力的目的。极其夸张的反差处理，强化两极表现力，制造了戏剧性效果。

三、类比手法

（一）类比的定义

类比是基于两种不同事物或道理间的类似，借助喻体的特征，通过联想来对本体加以修饰描摹的一种文学修辞手法，也是一种说理方法。

（二）类比的作用

广告创意中，类比的作用是借助类似事物的特征刻画突出本体事物特征，为了清晰描述隐含在品牌或产品内部的主张或特性，利用观众的共性经验，更浅显、形象地加深对本体事物的理解，或加强作者的某种感情，烘托气氛。

（三）类比与比喻的差别

在文学中，类比属于比喻范畴，与明喻、隐喻紧密相连，但又同中存异。

比喻的本体和喻体之间就比拟的相似点来说，只有一个，不存在一个以上比拟的相似点的实例；类比的主体和客体之间进行比较类推的相似点，则不限于一个。

比喻的本体和喻体两个事物必须在整体上极其不同，也就是创意设计中说的跨域介质。而类比中的主体和客体两个事物在整体上可以是相同的。

比喻只能依据本体和喻体的相似点进行比拟。而类比在依据主体和客体的相似点进行充分比较的基础上，还可以依据相异点进行比较，从而得出主体事物的某些性质有甚于客体事物相应的某些性质的结论。

比喻和类比是两个不同的概念，虽然两者都含有一个"比"字，但含义不同。比喻中的"比"是比拟的意思。而类比中的"比"是比较的意思，所谓"类比"，就是比较类推，包含推理、证明的逻辑过程。

（四）创意中类比的案例解析

案例一：沃尔沃动态转向技术——精确稳定

沃尔沃的这支创意广告，使用了类比的手法，广告效果令人震撼（见图5-19）。

图5-19 沃尔沃动态转向技术——精确稳定

（资料来源：沃尔沃品牌广告）

影片开始是著名的动作演员的一段内心独白："我的人生起起伏伏，一路崎岖，大风大浪。所有的一切成就了今天的我。我傲立于此，身姿近乎完美。我的腿可以打破自然定律，我的心可以驾驭完美劈叉。"

随着独白结束，镜头慢慢拉远，演员在倒行的巨型卡车上，完美地完成了一字劈叉的动作。最后出现广告语：稳定、精确，沃尔沃动态转向技术。

类比手法，会让观众在一部简短的影片中发现本体和喻体之间有多重特性共存共比。以此片为例，片中演员的内心独白，不但是演员的真实经历，其也在暗示沃尔沃品牌的发展史——只有千锤百炼，才会有今天的技术。同时，演员稳定、精确的高难度动作也在暗指沃尔沃技术的特点，看似平常的"一字马"（类比暗示：转向）技术，其实功力高超，是常年训练（类比暗示：常年研究）的结果。最后的镜头拉远，再次形成了一个反向类比，是钢铁制成的巨大卡车和人的肉身之间的对比，形成完美的钢铁与肉身的结合，是精湛技术与高超功夫的结合，也是品牌史和人生观的结合。如此简练的广告，却传达出丰富、令人震撼的信息，实属不易，是一个可遇不可求的作品。

案例二：AED中兴保全——黄金5分钟

心脑血管疾病，是一种严重威胁人类，特别是50岁以上中老年人健康的常见病，具有高患病率、高致残率和高死亡率的特点，居各种死因首位。如此危险的疾病，因其隐藏性，很多平日健康的老年人，会在毫无防备的状况下发病，而急救时间只有5分钟。若错过黄金时间，那么死亡率极高。AED是抢救心脏骤停患者的医疗设备，为呼吁大家家中常备此设备，创意设计了一支广告作品（见图5-20）。

图5-20　AED中兴保全——黄金5分钟

（资料来源：中国台湾中兴保全集团产品广告）

影片开始的三个场景图，分别是三组不同项目的运动员和三位老人。屏幕上有一组时间数字。突然间，时钟开始跳动，三位老人随即倒下，三名运动员开始奔跑。其实，运动员已经开始了一场和生命赛跑的竞赛，他们要在5分钟内找到紧急救援药品或设备，抢救老人的生命。时间一分一秒过去，可最后没有一位运动员找到急救装备。最后出现广告语：连他们都做不到，你安心吗？掌握黄金 5 分钟，广设 AED。

影片的类比很巧妙，是两件不相关的事件，即跑步和心脏骤停。但是两者共有了一个要素"5 分钟"，这个要素使两者建立起逻辑，形成竞赛关系。这里突出了类比和比喻手法的不同特质：类比中的"比"是比较，用严密的逻辑推理和数据呈现了"5 分钟"的紧迫性，让观众重视此病的危机，输出品牌主张。

案例三：Windows 8——又快又美

Windows 8 系统广告片（见图 5-21）中三个女孩在接受化妆培训，显然，老师要求大家在 5 秒内化完妆容，可是 5 秒化完妆根本不可能，前两个女孩只能胡乱地把化妆品往脸上抹，都是以"丑陋"的妆容告败。只有第三个女孩，镇定地拿出一张纸，用了 4 秒将妆色画在纸上，最后 1 秒，猛然把脸砸在纸上。抬起头，一个完美的妆容已经完成。广告语：又快又美。

图 5-21　Windows 8——又快又美

（资料来源：微软产品广告）

类比和比喻的不同点之一，就是本体、喻体之间比照和类推的点可以是多个。本片中，女孩化妆的"快"，与化完妆的"美"，和本体 Windows 8 的两个产品特点巧妙贴合。当然，这个作品也是运用了修辞叠加，女孩荒诞的化妆方法，显然不可能在现实中实现，是戏剧性的夸张表达，引人发笑。所以本片是类比和夸张手法的叠加使用。

第三节　夸张的手法应用

一、夸张的定义

夸张，是为了达到某种表达效果的需要，对事物的形象、特征、作用、程度等方面着意夸大或缩小的修辞方式。在文学作品里，夸张是运用丰富的想象力，在客观现实的基础上有目的地放大或缩小事物的形象特征，以增强表达效果的修辞手法，也叫夸饰或铺张。在广告创意中，夸张是指为了启发读者或听者的想象力和加强所说的话的力量，用夸大的词语来形容事物。

在创意作品中，首先，要明确的是，一切广告都有夸张的成分，从效果来说都会给人夸张感，是普遍的用法，也会混合着其他手法一起使用。其次，创意的夸张是极度的、强烈的，有别于文学中"有限度的夸张"（不会离开现实生活太远）。而出其不意的夸张感，也正是创意在传播中追求的效果。再次，文学中的夸张，是在特定的环节上进行夸张，总体来讲，是不会打破故事表述逻辑的。而创意则不同，创意中的夸张是为了追求传播效应和表达品牌诉求，是需要设计的，也就是说，可以从内容到形式都是夸张的，甚至是反逻辑和无厘头的，而广告诉求清晰才是创意目标。

二、夸张的分类

夸张可分为两类、三种形式，即普通类和超前类，普通类又可分为两类，即扩大夸张和缩小夸张。

扩大夸张：故意把客观事物说得"大、多、高、强、深……"的夸张形式。

缩小夸张：故意把客观事物说得"小、少、低、弱、浅……"的夸张形式。

超前夸张：在时间上把后出现的事物提前一步的夸张形式。这类夸张在影视广告创意中很常用。利用故事时间线的颠倒、穿插、虚实混剪来传播广告诉求，造成震撼或离奇的影片效果。

三、创意中夸张的作用

在创意作品中夸张往往与幽默感、震撼感等情感相伴，来引起观众的共鸣，启动联想和共情能力，让产品特点或品牌诉求植入观众心里。有些夸张到荒谬的创意作品，往往会引发观众的反思和探究，是很奇妙的事情。当观众无法把握作品的表述方法或事件逻辑时，反而会更有兴趣去探究其中的含义。

但千万要注意的是，创意人利用夸张的手法，并不是单纯地夸大产品的功效，这是创意设计新手常常混淆的。夸张的是故事，是为品牌杜撰、描绘的世界，并不是鼓吹现实中产品的功能。这两者是有明显的区别的，我们会在案例中为大家阐明。

四、夸张手法案例解析

案例一：雷柏电视机顶盒——穿墙篇

这组平面作品是前文中提到的学生作品（见图 5-22），运用了典型的夸张手法。

图 5-22　雷柏电视机顶盒——穿墙篇

（资料来源：上海工艺美术职业学院，视觉传达设计与制作专业学生作品）

作品描述：由于隔壁的邻居在观看电视，所以一家人"穿墙"一起看。内容简单，但视觉冲击力强，戏剧性被完全表达出来。作品内容中，涵盖了两个场景，场景一是我们看到的甲家庭，而场景二是通过甲家庭的线索，被观众联想到的邻居乙家庭，并没有在作品中描绘，是隐藏和联想的场景。这组作品也是利用了"离开原位"的发想和夸张修辞的叠加技巧，表明用了雷柏 RATV 后的节目非常精彩。当然我们在现实生活中不可能发生如此情况，但画面对人物行为的"极端"夸张表现和场景的"瞬间"描写，旨在把产品的优势"极端化"。

这里的夸张手法，是将产品效应如何吸引邻居做了夸张。夸张的是甲家庭的故事，并不是单纯地虚构产品功能。作为观众，绝对不会混淆图中虚构故事与现实情境的差别，能完全明白是艺术化的处理。这里证明了所谓夸张不是鼓吹产品，不是骗取观众的信任，去刻意混淆真实信息与虚构信息，而是要研究如何把故事表达得有戏剧性。

案例二：德国 UHU 黏胶——1 秒钟

UHU 胶水的系列广告，是夸张手法巧用的典型案例，片段效果非常有趣（见图 5-23）。

图 5-23　德国 UHU 黏胶——1 秒钟

（资料来源：德国 UHU 黏胶品牌）

为了表达胶水在 1 秒内就能牢固地黏合东西，这两支广告分别将两个片段倒放。一段是一辆老式汽车，开在半路散架了。另一段是比汽车体量更大的火车，在经过峡谷大桥时桥塌了。原本这两支片段在表面上和胶水毫不相关，而创意者用了一个非常巧妙的剪辑手法：让影片 1 秒内快速倒放。亮点一下子出来了，观众看到的是散架的汽车和桥梁突然聚合在一起。这里的夸张在于暗示胶水强劲的黏合力，能快速黏合任何东西。而其举重若轻的剪辑手法，把两件毫无关联的事情——事故与胶水，轻松连接在一起，且完美接合了产品功能。

案例三：Monster Job 网站——好工作，更快找

使用夸张手法的创意作品基本的特征是：把故事情节中某一个点放大夸张，来突出品牌主张或产品功能。所以，往往作品都是简短、滑稽且令人印象深刻的。下面是 Monster Job 工作网的广告（见图 5-24），品牌主张是：更快找到好工作。

图 5-24　Monster Job 网站——好工作，更快找

（资料来源：Monster Job 网站）

影片开始就是两位程序员的对话，两人挤在堆满破旧电脑的办公室里，边说话边紧张地工作，看上去工作强度大，工作环境差，显然两人对目前的工作状况不满。胖职员对瘦的说："我要在 Monster 网找个好工作，离开这鬼地方。"瘦子轻蔑地说："哼，怎么可能？"说完转头瞄了他一眼，可是胖子已经变成了一个女人，女人嘴里还在重复刚刚瘦子说的那句话。最后出现广告语：好工作，更快找。

影片的场景转换让观众措手不及，极大地夸张了换工作的速度，只用了一个镜头切换的瞬间，大大加强了荒诞、滑稽的效果。最重要的是，这个极端夸张的手法与品牌诉求紧密结合，强调一个字：快。

由此可见夸张在这支创意作品中的特点：首先，效果极端化；其次，夸张处必须紧密贴合品牌主张或产品功能；再次，情节简单，故事片段化；最后，利用剪辑或后期手法强化夸张效果，否则会造成信息传达混乱。

案例四：Wonder Core 仰卧板——轻松练腹肌

日本的 Wonder Core 品牌仰卧板广告（见图 5-25）同样延续了上面说到的夸张特点。这组作品使用 3 个小故事相互连接。片段一：男人在院子里干重活，脚下一滑，倒下了。镜头下移，男人已经用标准的仰卧起坐瞬间起身，嘴里说："轻松倒下，练腹肌。"片段二：男女快乐地在树林里奔跑，被树绊倒，两人瞬间起身，说道："轻松倒下，练腹肌。"片段三显得更加荒诞：男人驱赶堆雪人的小孩，结果大雪球滑落砸倒男人，但他瞬间起身，说道："轻松倒下，练腹肌。"最后出现广告语："效果惊人"。

图 5-25　Wonder Core 仰卧板——轻松练腹肌

（资料来源：万达康商贸有限公司产品广告）

该影片的惊喜在于：极其现实的生活场景与极其夸张的人物动作间形成的对比。运用多片段组合，也是用潜台词告诉我们：生活处处有意外，所以锻炼身体很重要。也强调了产品随时随地方便使用的特点。

案例五：Bellface 网络销售——办公桌上跑销售

创意设计中，夸张手法如果和逆向思维叠加使用，也可以引发奇妙的广告效果。

影片在一个办公室场景开始（见图 5-26）。销售新人入职，公司的老员工们表示欢迎，一位老派的销售员拽起小伙子的腿，惊讶地说："腿细成这样，怎能行？"忽然间，销售员们排成一行，整齐划一地拉起裤腿，展示出健硕的小腿。大喊道："销售员，靠腿吃饭。"健硕的小腿，好像是对销售员工作是否努力的评判标准，因为他们信奉：销售业绩一定是"跑"出来的！随后画面一转，年轻人坦然地说："那是过去。"接着用剪辑，表达了现代销售使用网络的便捷。最后出现广告语："办公桌上跑销售"。

图 5-26　Bellface 网络销售——办公桌上跑销售

（资料来源：日本 Bellface 公司品牌广告）

这支作品首先使用逆向思维的技巧，从不用网络的老销售员入手，找到他们的共同特征："跑"销售。而"跑"是个动作，若需要进行夸张可以体现在形态上，那么壮硕的小腿就是有关"跑"的外在体现和夸张表达。影片通过戏剧性的表达，放大了"跑"对于销售职业的重要性。当然这是夸张、滑稽的戏剧表达。最后情节反转，让观众了解到现代网络销售的便捷。这里夸张手法的特征是：使用逆向思维，找到反向的夸张关键点，也是拓展了夸张手法的使用。

案例六：日本音速打工职业中介

这组创意作品由 5 支极短的生活片段组成（见图 5-27）。

图 5-27　日本马赫音速打工职业中介

（资料来源：日本马赫音速求职网站）

片段一·洗车行：4 名员工同时向车泼水，一人猛然跃起，身体掠过车辆，车洗完了。

片段二·点外卖：女士拿起电话，刚说完要点的食物，呼啦一声，外卖小哥已在面前。

片段三·贩卖机：男人点下贩卖机，出货口出来的竟是一碗已经做好的热面。

片段四·画家：画家为一对夫妻画肖像，人刚坐下，画家奋笔疾书，未待夫妇坐稳，画已经画完。

片段五·调酒：女士在吧台等待上酒，还未定神，酒已经穿越过吧台。

这组片段每一支不超过 5 秒，每一条都是取材于日常生活中再平常不过的场景，而这样的极端夸张的快速处理，让平常的生活看起来极为滑稽。但是片段都指向一个点：音速。这是音速打工职业中介的重要诉求：找工作极快。广告利用如此多的片段加以组合，也别有用意，目的是在提示观众，在中介公司里有大量的、多样的职业信息数据可供选择。夸张的手法和小片段的组合，都在表达这个优势。

案例七：Jeep 越野车——强劲

这幅 Jeep 的平面广告，很好利用了广告媒介与广告内容的结合，进行了夸张效果的演绎（见图 5-28）。

不同媒介一定有不同的特质，而创意是没有边界的，当然可以把媒介也纳入创意对象去考虑，参与广告内容，一起呈现令人意想不到的创意效果。这幅作品是一个提示，引发我们思考各种外在要素，如媒介、观众行为、投放环境等，为创新找到一条新的道路。近来的网络媒介成为广告投放的主流，创意人在使用新媒介进行

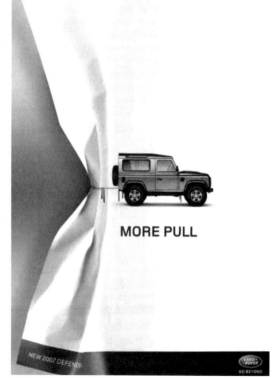

图 5-28　Jeep 越野车——强劲

（资料来源：戴姆勒-克莱斯勒集团公司产品广告）

内容创意的同时，也应该把新媒介当作创意素材的一部分来看待，比如用户体验、互动、使用行为等，说不定可以找到新的创意之路。

第四节　形表意的手法应用

一、形表意的定义

广告创意的形表意手法是视觉艺术中唯有的手法。这里的"形"不仅仅是指形态、形状，而且指形式感。由于广告创意的视觉表达形式不同，在传统视觉媒介上，"形"的概念包含了形态、色彩、肌理、材质、体量，包括符号。随着现代网络科技和影像科技的发展，"形"的概念得到了扩充，包含了镜头语言、影像特效、交互体验、音效音乐等。综合起来，统称为"形"，即形式感。

那么形表意的含义就得到了阐明：以视觉形式感输出，直接表达广告委托方的品牌主张或产品功能，以达到广告传播目的。

二、形表意的特点

这些形式感往往具备"人类感性经验的共同认知"，这将在下文案例解析中分析。

影视广告创意中，多数情况下，形表意的手法适用于表达品牌主张，以形式感沟通观众的情感。

平面广告创意中，形表意手法往往通过"具有共同经验认知的符号或形态"与内容产生关联性输出产品功能、特性等具体的诉求。

形表意的作品往往借助高超的制图或影像技术，精致的画面，以此来提升观众视觉感受，产生情感共鸣。

形表意的作品是视觉设计专业学生比较容易着手的创意表达手法。

三、形表意的作用

"形表意"手法能通过视觉形式感的组接，充分展现品牌态度、品牌调性，是观众直观认知品牌外在的有效手段，也是传递品牌文化的方法之一。

四、案例解析

案例一：苹果 Home Pod 音箱——音乐平行空间

苹果产品 Home Pod 是一款家庭智能音箱（见图 5-29）。影片描述了一位沉沦在枯燥工作里的白领女士，被乏味的生活束缚。结束一天的工作后，回到家已经身心疲惫。当她无意中启动 Home Pod 音箱，人和环境都慢慢发生了变化。她跟着音乐舒展开身体，跳起优雅的舞蹈，随即乏味的空间层层展开，绚丽的颜色和变换的空间使人好像来到另一个维度，灰暗的家庭环境逐渐变得多彩而宽敞，配合着女主角的舞姿，把观众的视听带入一个绚丽的幻觉世界。最后，她舒服地躺入沙发，一切恢复了平常，女主角安然入睡。

图 5-29　苹果 Home Pod 音箱——音乐平行空间

（资料来源：苹果公司家庭智能音箱广告）

　　从产品角度来看，Home Pod 的同类产品已经很多，这款产品并无差异化可言。但是创意团队选择了一个很好的概念角度，把属于听觉的美妙音乐，转换为视觉画面，制造了一个多彩的高维度世界，这就是音乐给人们带来的体验和改变。

　　影片中的形、色、舞、乐相互配合，是观众对美好体验的共同经验，让人联想到音乐平行世界，给人美妙的身心享受，并完成视听之间的转换和想象。而这些影像的形式感不但在和观众沟通令人心醉神迷的音乐魅力，同时也在输出多彩的品牌调性和活跃的品牌主张。

　　案例二：Chipotle 墨西哥风味快餐连锁品牌

　　苹果 Home Pod 案例是以听觉和视觉的相互转换，最后化为影片形式感，让观众体验了一次音乐平行空间。而这支创意广告（见图 5-30），讲的是一家墨西哥风味的餐厅，通过味觉、听觉、视觉三种感官联合表达品牌调性和口味。

　　很多人觉得口味是无法图像化、图形化的，这是一个错误的观念。通感转换练习是视觉传达专业学生要掌握的能力，训练是能把人类的五感，即视觉、听觉、味觉、嗅觉、触觉联合起来，用视觉语言表达出来的。比如，影片中利用动态图形，表达出面饼的柔软和通过食道被人感受到的愉悦感，用点组合的聚散方式，表达了米饭的颗粒感和大脑中留下的香浓印象。还可以用动画结合特效的方式表达味觉较为浓烈的食物。这里为我们提供了一种视觉表达手段：既可以用抽象的点、线、面、色、体来表达感受，也可以用具象的花卉、人物、表情来表达人的状态。抽象和具象、感受和状态互为作用，相互组合的时候，就会产生百般形式，表现力也大大提升。

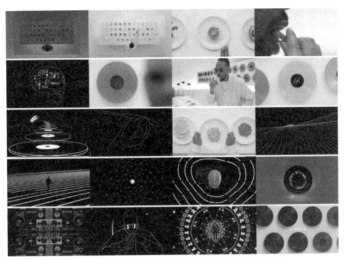

图 5-30　Chipotle 墨西哥风味快餐连锁品牌

（资料来源：Chipotle 墨西哥风味快餐连锁店品牌广告）

　　品牌很好地利用了五感共通，配合上墨西哥风格的音乐和动态插图，让观众在无法享用到美食的情况下，通过屏幕用视觉尝口味，用听觉闻味道，完成了餐厅风味的推广。

　　案例三：Adobe 品牌推广——一切为你的想象力

　　Adobe 这个品牌对学习视觉设计的朋友来说再熟悉不过了，品牌开发的图形图像软件高达 20 多款，几乎包揽有关图形、图像、影视后期的所有制作技术，拥有众多产品线，是无法针对某一项功能来为整体品牌做推广的。个例的功能无法代表整体的品牌资产，所以品牌推广的概念，一定是站在更高层面，从能够涵盖所有产品特色的视角出发。

　　就此，Adobe 推出了"为创意而生"的品牌推广短片（见图 5-31），在影片中所出现的图像，都在一定程度上具备了该品牌各软件的特性功能，但是无论光怪陆离的魔幻世界，还是现实逼真的影视场景，它们都出自使用者的"想象"。而作为制图软件的头部品牌，它通过各种奇幻的场景组合，经过形、色、动态的变化，把你的幻想世界展现在眼前。最后通过文案告知：我们的一切软件都是为了你的想象力而量身定制。

图 5-31　Adobe 品牌推广——一切为你的想象力

（资料来源：Adobe 公司品牌广告）

影片不但展现了想象中奇幻世界的无限可能，更重要的是恰到好处地带出了 Adobe 的品牌主张和姿态：一切为你的想象力。在品牌传播的同时，拉近了和受众之间的距离，并且很好地展示了自己品牌的能力。

案例四：徕卡——摆脱色彩的牢笼

徕卡相机问世于 1913 年，是世界上最早使用宽 35 mm 胶卷的照相机。可是随着时代的发展，各类数码相机的功能和画质越来越先进，让老牌徕卡相机无法在竞争激烈的市场中保持优势，从功能来说，功能优势已经荡然无存。但是，徕卡推出了一支反其道而行之的品牌广告，通过形式感表现崭新的概念，给受众提升了有关色彩的全面认知水平（见图 5-32）。

图 5-32 徕卡——摆脱色彩的牢笼

（资料来源：德国波茨公司徕卡品牌推广）

"没什么色彩，比黑白更鲜艳。"

"血红、草绿、水蓝，五彩的世界里，没有梦与遐想的空间。"

"色彩说什么，眼睛就得听什么。"

"一排排的牢房，冰冷冷的看守。"

"想象力的死牢。"

"黑白世界却没有定式，在这里人创造新的规则。"

"黑色可以是橙色、褐色、紫色。白色可以是黄色、淡紫色。"

"黑与白就是全部的色彩。反正灵感说了算。"

"在色彩的监狱里，黑白就像久违的日光浴。"

"摆脱色彩，重获自由。"

当所有人都沉浸在色彩影像的世界里，徕卡却逆向思考了一个问题，即色彩限制了你的想象力。在文案中把"色彩"比作"牢笼"。从这支影片的画面形式感来看，完全抽象的点线面动态组合，配合广告文案的共同演绎，让人感受到希区柯克式神秘的美感和包豪斯的历史感，调性复古、稳重、神秘的黑白视觉肌理，在演绎着文案的逐字逐句。我们对照文案观看片中的抽象图形，不会再觉得抽象画面难以理解。最后出现的广告语"摆脱色彩，重获自由"是影片中"黑白产生无限联想"的最好佐证。

徕卡的品牌推广，概念深刻，画面抽象，形式感极强。可能很多人会说：大众理解如此抽象和深刻的广告有困难，这些抽象图像不是"大众共性经验"。但是徕卡的定位是精准的，因为该品牌的消费群体是对影像质量有追求的人，可以说，受众全都是影像领域的专家，他们对于如此抽象的形式是具备审美能力和共性认知的。"摆脱色彩，重获自由"的潜台词描述对受众人群来说，是容易理解且真实的追求目标，为他们打开了崭新的影像概念。而画面形式的颗粒、动态、黑白的构成形式，很好地沟通了受众的审美情感认知。

案例五：　瑞典瑞可德林苹果冰酒——粗犷而优雅

通过前面的案例了解到，视觉形式可以利用五感共通来转化表达。在这支瑞典苹果冰酒的作品里，单看酒的名称就能想象它的口味，苹果味是甜的，酒味是烈的。如此复杂的口味，如何用视觉表达？若用抽象图形展现，一定失去共同经验认知，可能是无效传播。这支作品的创意团队非常机智，找到了一种味觉和视觉的转化手法（见图 5-33）。

图 5-33　瑞典瑞可德林苹果冰酒——粗犷而优雅

（资料来源：瑞典 AbroLryggeri 公司瑞可德林冰酒产品广告）

影片开始的镜头，是远远望去的一对粗犷的北欧男人，留着长发和大胡子，穿着不合时宜的毛线衫裤，粗狂的外表下有一张呆若木鸡的脸庞，显得笨拙。随着镜头拉近，两人开始了表演。看两人的外表，原以为会是一段滑稽的冰上小品。可是随着音乐响起，观众看到的却是两人深厚的舞蹈功力，凭借在冰面上流畅、优美和高超的舞技，他们配合得游刃有余，全然无法想象两个粗犷的男人能够在冰面上配合得如此娴熟和优雅，舞技的优美让观众瞠目结舌。舞蹈跳罢，出现广告语"美好的瑞典，粗犷而优雅"。观众豁然明白为什么要选用这样两个奇怪的演员出演，这段演技加舞蹈的表演，正诠释了苹果冰酒的独特口味：粗犷而优雅。

很多项目里，我们可能无法用过于抽象的图形来表达复杂的通感，那么就换一种直观的艺术形式吧。这里巧用演员和舞蹈，把"粗犷而优雅"的形象和舞技展现给观众。这段精湛舞技中呈现的美感是观众能够感受到的共同经验，而结合两名演员的外表又关联了味觉。影片借助演员形象和舞蹈技术，输出了产品口味特点和品牌调性。所以，形式感是基于共性经验，如果观众无法理解抽象概念，那么需要你动脑筋将其转化为具象而清晰的形式。

案例六：德国应急救援联盟——日本地震

德国应急救援联盟（Aktion Deutschland Hilft）是德国著名救援组织的联盟，在全球任何一个地方的灾难和紧急情况下提供快速和有效的援助。在召集救援日本地震的推广中，广告全程拍摄了地震记录仪的抖动过程，最后呈现出日本国旗的形态（见图5-34）。

图5-34　德国应急救援联盟——日本地震

（资料来源：德国应急救援联盟）

这是在平面作品中常用的"符号表达意义"的手法。通用符号的含义，是形式感的一种，但是我们需要注意的是，所用符号应是通用符号，是基于共性经验的认知的符号，过于小众化的符号没有普遍认知含义，要避免将其用到广告创意作品中。

案例七：澳大利亚TAC交通安全委员会——速度推论

手势、交通符号等是众所周知的典型符号，而符号支配着我们的生活行动，很多都隐没在我们生活的细节中，每个人每时每刻都在接触和理解大量的符号信息，只是很多时候我们并没有意识到。下面的这支广告，是澳大利亚TAC交通安全委员会的广告《速度推论》，由影视特技和符号表达共同完成创意内容（见图5-35）。

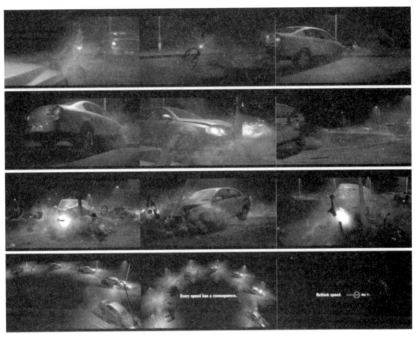

图 5-35　澳大利亚 TAC 交通安全委员会——速度推论

（资料来源：澳大利亚 TAC 交通安全委员会）

　　影片开始是一个交通事故定格的现场：在路灯下，一辆汽车正面对着一个骑车的男孩，车和男孩离得很近，但未发生碰撞。镜头从车内摇移到车外，观众发现这是一帧定格画面，仿佛时间停滞，为男孩捏了一把冷汗。随着镜头向远处移动，第二个场景好像在重演前一个定格画面，但情况有些不对劲，车头方位打偏，显然是司机发现了男孩，在危险之下的本能反应——打偏方向，避免相撞。观众随着镜头的继续推移和一个个静止画面的出现，才会意识到这是一个交通事故的完整现场，只是每个时间节点被影像特技静止了下来。最后的定格是汽车撞上路灯，自行车也被撞飞。一帧帧的现场定格画面极为惨烈：飞落在半空的金属、折弯的自行车、飞溅的玻璃、倒塌的路灯。我们了解车祸，但是从未以这样的静止状态、360°的环绕视角去审视车祸的惨烈，每个震撼的细节都让观众感到可怕，每个危险的瞬间都被 360°的镜头来回扫视。通过视觉技术，让观众目睹了车祸的真实现场，放大了观众的恐惧。最后，当镜头拉高，整个车祸过程被分为七个定格现场，是在汽车的速度表盘上的一场视觉演绎，表达了每一个速度下的车祸结果。

　　速度表盘是汽车部件，但也是符号，表征为数字，而每一格的数字背后都代表着汽车速度，这不言自明，是共性经验。创意团队以速度表盘结合震撼的定格场景，既可以理解为一场车祸的连贯呈现，也可以表达为七场车祸在不同速度下的不同结果，所以广告语设计为"速度推论"，让观众直观地看到超速行驶的危害。

第六章

创意故事的撰写

第一节　对故事的基本认知

在教材的上面几个模块中，通过各种广告案例演示和解析，接触到不同形式、不同类别的广告创意作品。用故事结构表达创意占了一部分，除此之外，有片段式、图像式等样式结构。有些创意的故事结构模棱两可，像或又不像一个完整故事。那么大家可能会疑惑几个问题，到底什么才算故事？故事用在广告创意里有什么用？如果有用，该怎么撰写？那么这个模块作为创意方法教材的一个支撑环节，带着大家在一定程度上了解和学习编写故事，并为大家一一解答以上疑惑。

我们首先需要明确：并不是所有的广告创意都需要以故事蓝本作为依托，但故事性很强的影视广告作品的确有它的优势。讲故事、写故事的能力也是我们广告创意人的技能之一。

一、什么是故事

故事，对我们来说好像很熟悉，如童话、小说、电影里都是故事，但是很多广告创意作品的结构又不同于小说和电影的故事结构。

这里，需要给出关于故事的一个简单定义：一系列情节冲突组成的事件，且能被叙述出来，就是故事。这里提到了三个关键词，即事件、情节、叙述。由这个定义，可以回溯看过的广告创意案例，很多广告创意内容并不构成事件，可能只是夸张的手法或视觉效果。情节是指事件的一系列发展过程，也就是说没有"事"也不会有"情节"。描述故事一定会占用时间，不然只是片段或图像。

我们平时和朋友聊天时，常常说起过往经历，一个完整过往经历的描述，可以称之为故事。有时，为了吸引大家，把经历讲"好"，可能会对客观的过往进行添油加醋地描述，这就是对情节的修饰和加强。毕竟没有人愿意听平淡无奇的日常事件。

就讲故事本身，是人与生俱来的能力，人人都可以讲，人人都会讲。只是想把故事讲好，需要一定的技巧，才能吸引听众。而传统常见的影视创意广告，某种程度上来说是故事的片段或情节的截取，不是完整意义上的故事。

二、广告短剧

电视时代，因为经济成本问题，电视广告需要在尽可能短的时间内表达清楚广告诉求。可想而知，一个只占据 5 秒或 10 秒的电视广告，很难在如此短的时间内表达完整一个故事。而纸媒也一样，一张 A4 版面的纸张，无法呈现系列情节。载体给了广告故事很多限制，这是大多广告的创意手法大于故事完整性的原因。

但是，随着网络时代的低成本、多平台的表现形式，故事又成为大众关注的焦点。每个人都希望通过或紧张，或有趣，或温情的故事情节获得信息。广告创意在现代网络的载体条件下，越来越注重故事性描述，让观众在观看故事的同时能够接收到品牌或产品的信息。这类形式我们可称为广告短剧。

通常广告短剧以一个或多个情节的组合，来叙述一个完整的闭合式事件，事件可以是杜撰想象的，也可以是真人真事的改编。通常广告短剧的情节冲突简单，故事线单一，时间在 5 分钟以内，但仍然具备故事必要的诸多要素。

广告短片也可能是系列短剧形式，由多集连载形式组成。广告短剧无论情节如何，最终的意义都会导向产品或品牌的传播，为品牌或产品的宣传推广服务，这是广告短剧的最终目的。

三、故事性广告短剧的作用

而随着各类碎片信息充斥着现代网络生活，广告短剧的形式因其完整性、短时间、情节入目等特点，受到观众喜爱。广告短剧既具备创意的手法（怎么说），也具备影视剧的特点（说什么），且对品牌或产品有针对性传播的最终目的。当然故事独有的带入感、情感性都是短剧受追捧的原因。并且，故事结构紧密、情感丰沛的广告短剧能够建立品牌和受众的情感连接。所以，广告短剧是网络时代下建构品牌资产很有优势的宣传推广形式。

第二节　故事的结构与事件

故事，是对生活情境的选择性撰写。

任何一个人，当他踏入世界、走入大众视野，他便带来了关于他一生的故事。他的生活，像一本百科全书一样被打开，这即是他的故事。但若此人日复一日地讲述浩瀚而琐碎的个人日常，即使如百科全书般知识丰富，也可能没人听得下去。他如果想吸引听众继续听，必须选择性地挑出最精彩的、最有吸引力的生活片段，以免听众厌烦。

而所谓故事大师，就是仅仅从此人繁琐而冗长的生活中挑选出几个瞬间，便向听众展示了他的一生。

生活故事和能被讲述的故事不一样。当创意人设计广告短片时，从生活各个角落取材，把故事浓缩在短短的 5 分钟以内，形成情节连贯、事件新颖的短片，并将故事结局导向品牌推广诉求。那么可以说，这支广告是一部好的故事短片。而广告要满足故事性，必须具备撰写故事的诸多要素。

一、结构

结构是对故事中一系列事件的选择，将这些选择的事件排列组合，安排先后出场顺序，最终导向事件结局，达成战略目的——为品牌的推广服务。

当我们着手设计故事，大脑中会呈现出、人物、纷争、动作、心情等诸多要素，每个人的联想方式不一样，自然切入点也不一样。但是没有一个要素能独自构建故事。一个完整的事件，包含以上所有的一切。然而，当不同作者，面对同一个故事结局，所选取的要素绝不一样，但都能达成他们想要的结局。这就是讲故事，相同的故事结局不同的讲述者，故事精彩程度各不相同。

故事中，事件是人为的，所以人物被勾画出来。事件发生在场景之中，从而环境、对白、动作生发出影像。事件从情节冲突激发出能量，从而带动观众与角色之间的情感，把故事引入高潮。但是，这些要素绝不能随意罗列，必须精心而缜密地设计。

在我们广告创意短片中，情节删减是必要的，去除冗长的对白、繁杂的道具、无目的的景色，因为这毕竟不是小说或影视剧。故事干练、对白简洁、情感强烈的叙事结构，更容易让观众抓住故事重点。

案例：中国台湾大众银行——不平凡的平凡大众之梦骑士

这支广告短剧由真实事件改编，是中国台湾大众银行品牌推广短片系列《不平凡的平凡大众》的其中一支（见图 6-1）。整部系列广告堪称亚洲广告经典之作，十分感人。

影片主角们的原型为 17 位平均年龄 81 岁的老人，历时 13 天的台湾环岛骑行。他们中有遵守承诺带着亡妻照片环岛的深情丈夫，有男扮女装诱捕日本兵的抗战勇士，还有二战时敌对的双方相逢一笑泯恩仇的兄弟……贫穷病痛，异地漂泊，打拼梦想，亲人离别，爱情诺

图 6-1 中国台湾大众银行——不平凡的平凡大众之梦骑士
（资料来源：中国台湾大众银行品牌广告）

言……人生种种挫折和美好、得到和失去，他们都经历过。但是老人们心里却住着一个18 岁的梦。17 位老人当中，2 位罹患癌症，4 位需要戴助听器，5 位有高血压，8 位有心脏疾病，每一位都有关节退化的毛病。然而，他们却梦想挑战环岛骑行，在这个秋季，再次感受这片土地。决定跨上摩托车那一刹那，挑战正式开始：他们面对家人的反对、高龄考驾照的不便、身体功能的老化，以及 1139 千米漫漫征途中的风雨、塌方等各种严峻考验，最后完成了艰险的旅途。

如此丰富曲折的人生经历，以及和众多人物之间的关系，在一部电影中也有表达难度。但是大众银行的广告短片，仅挑选了几组场景，就完整交代了整部事件，情节感人至深。影片前半部分用几组镜头组合，描述了老人的身体状况（吃药）、家庭状况（亡妻照片）、回忆（年轻的模样）。而整部影片的转折处，发生在老人们参加朋友葬礼的酒桌上。主角一拍桌子，对着镜头说了句："骑摩托车去吧！"语言直接、质朴，展现得真实有力。将悲伤化为力量，事件转折开始。随后的打开车库、展现摩托车、准备行装、锻炼身体、扔药，几组镜头组合表达出老人的决心，逐步带起影片情感高潮和节奏。出发，是影片的情感高潮，骑行过程并没有用"遇到什么困难，如何解决"等繁杂的故事线叙述，只用概括的镜头组接，配合旁白。抓住整个事件的最大转折，便已经抓住了故事叙事的骨架和灵魂。最后，大家面朝大海，举起亲人和朋友的遗照。而广告语"不平凡的平凡大众"被深深刻在观众脑海中。巧妙地关联大众银行品牌，一语双关，既可理解为为大众服务的大众银行的不平凡，进一步，也可以理解为大众银行对大众的不平凡梦想怀有敬畏之心。

二、事件

事件就是变化。如果门外没人，突然门铃响了，便是一个事件发生变化，叫作有人来访。然而，你不可能仅从来访这个动作编出一部完整的故事。所以，故事事件是有意味的，来访者和屋内人物存在各种关联的可能。要使事件有意味，必须从一个人物身上开始。如果你选择的事件是外面天气晴好，也必须要转接到具体某个人物身上。比如，因为天气晴好，所以他心情舒畅地去上班。

而变化，是讲故事最重要的点。我们可以想象上面的来访事件。假设影片前半部分都在描述主角在家无所事事，突然门铃响了，有人来访，可开门出去却无人在等候，只在门口留下了一封书信……这个故事形态就成立。我们把这个形态称为场景（或事件）冲突。

场景冲突，意味着故事价值正反转折，如爱/恨、真理/谎言、懦弱/勇猛等，这些成对的故事价值关系，就是我们观看一部电影中的所有主题价值关系由事件引导出现，在情节变化中形成对立关系，叫作故事的价值负荷。所有可被讲述的故事，都是因为存在这样的关系，才变得有可看性。试想，一个坏人，到影片结束，仍然是个坏人，没有一点变化，是没有人要听这样的故事的。

因此由事件引导的场景冲突，导致人物发生价值的正反转折，贯穿于整个故事，这是最为重要的讲故事技巧。在广告短片中，每一部片子，只要设计一个场景（或事件）冲突（价值正反转折）就足够了，因为观众没有时间和精力去看一部多转折、情节曲折的广告片，毕竟这不是电影，复杂的叙事被广告片排除在外。抓住一个重要转折，让事件形成180°逆转，然后导向品牌诉求，这就是我们广告短片的讲故事技巧。

案例：麦当劳——美好时光

我们可以通过这支麦当劳的品牌推广短片（见图6-2），来检验故事的事件转折和品牌主张如何关联。影片从一对男女约会的情境开始，两人初次见面，都显得有点拘束，互相用客套的言语打探着对方的兴趣爱好，寻找共同话题。男士喜欢艺术，来到博物馆，但女士并不懂，只能沉默。讨论喜欢的动物，好像也找不到共同话题，气氛越来越尴尬。不管怎样，总得完成这个有点无趣的约会。于是来到保龄球馆，可是女士连男士的名字都写错了，大家已经心知肚明，看样子确实有点不合适。天色已晚，相互礼貌道别。看到这里观众都有些感同身受，现实生活总是被小小的尴尬和不如意所包围。"一天总算要结束了，和一个没有共同语言的人相处一天，没那么糟糕，可有些疲惫。"男士心里想着，人已经走到街角的麦当劳。麦当劳点餐情节，便是故事的转折。"大汉堡、奶昔、薯条……"男士点着餐，这时出现一个女士点餐的画外音，巧合的是与自己点的食物一模一样。男士好奇地扭头，发现点餐的女士就是之前约会的人。两人相处一天没有共同语言，最后各自离开后，却在麦当劳偶然相遇，更巧合的是点了一模一样的食物。两人微笑相对，此时出现广告语："美好时光"。

图6-2　麦当劳——美好时光

（资料来源：麦当劳连锁快餐品牌广告）

这里的事件转折处理，从略显疲惫、无趣的一天，转折到一个令人欣慰的偶遇情节。而承载这个转折的就是麦当劳。小故事贴近普通人的真实生活，没有大喜大悲，没有曲折离奇，是每个观众都有认同感的情绪。小小的事件转折，带来小小的生活欣慰。这正是麦当劳想要的品牌印象——围绕在每一个人身边的美好时光。

第三节　故事的节拍与人物

一、节拍

节拍是一系列动作中的行为交替，这些连续的行为交替构筑了场景的转折。

这里用上述的访客桥段来编写节拍。节拍一：主角起床，百无聊赖，他看了看窗外，阳光明媚，他伸了个懒腰，像是要迎接新的一天。节拍二：于是，径直走到厨房，翻看冰箱，可只有半瓶牛奶。他心想：算了，对付一下吧。结果一尝，却有怪味，拿起细看发现已经过期，随即扔进垃圾桶。节拍三：拐入水池，准备洗漱时发现没水了，牙膏也用完了。节拍四：随即听到"叮咚"一声，他匆忙跑去门口，还不小心打翻了花瓶。不管那么多了，先开门再说。冲着猫眼不自觉地看了一眼，却没人。疑惑地开了门，四处环顾，还是无人，却在地上留下了一个包裹……

这里场景虽小，但围绕着四个节拍展开。四个节拍之间具有明显区别的行为。前三个节拍，把主角一天的小小不顺利拉到了谷底，花瓶被打翻。但是节拍四中在门口的情节，导向了转折点。将影片的主角从小小不顺利引入了期待和疑惑。

案例：丹麦 Bianco 鞋业品牌——踏出你的第一步

丹麦 Bianco 鞋业品牌广告（见图 6-3），是一个小场景故事的经典案例。节拍一：男女主角初次在电梯里相遇，因电梯内无人，各自暗地里打量，猜测对方的身份、职业、爱好，相互留下了好感，可没机会搭上一句话。节拍二：没想到第二天又在同样时间遇到，这次电梯里人多，更无法搭话，只能偷偷关注。节拍三：连续两天的偶遇，使男主角有了期盼，可是这一次并没偶遇，而是一个老人走进了电梯。节拍四：终于，隔了好几天，他们再次相遇在电梯内，但这次运气并不好。因外面下雨，女士妆容花了，不愿对方看到自己的狼狈，也错失了搭话的机会。节拍五：择日，男子下决心要向女士示爱，于是换了正装，手捧鲜花，可就是没有等到女子出现，看样子是没有缘分，无望而归。节拍六：男子却在几天后的运动归来时，再次在电梯里与女士相遇。但男子毫无准备，随意的运动装和浑身的汗味，让男子失去搭话的勇气。节拍七：女士要辞职了，当抱着自己的办公用品走入电梯时，心里嘀咕：这是最后一次机会了，如果遇到他，一定会向他表白。没想到，电梯停下时，男子真的进来了，他看到女士的物品，心里知道这是最后的机会。两人沉默许久，各自着急寻找搭话理由，终于鼓起勇气准备开口时，电梯"叮"的一声，到了，片刻拥入了人群，女士只能抱着物品被挤出电梯，无奈地走了。最后出现广告语："踏出你的第一步"。

图 6-3　丹麦 Bianco 鞋业品牌——踏出你的第一步

（资料来源：丹麦 Bianco 鞋业品牌广告）

广告短片的预算有限，事件的节拍设计往往被场景、规模、参演人数等限制。如何在极其有限的条件下，设计精彩的情节并将故事引入高潮，是需要缜密设计的。

故事的场景单一，甚至连对白都没有，但丝毫没有影响故事性。其中设计了七个节拍表现曲折的递进关系，把观众带入两人的情感波动关系。试想，若只有节拍一：初次相遇，互相留下好感，然后就遗憾地走了。还没等观众进入事件，就结束了，这算不上故事。故事中节拍的合理设计，可以带动观众的感情波动，随着主角一次次错失良机，从而产生期盼，或想知道结局。这就产生了带入感。在七拍中的第一、四、五、六节拍是重点描写，除了偶遇（第一节拍）和相别（第七节拍）以外，第二、四、六节拍情节中，都是因两人的尴尬而错失良机（电梯里人多；女士淋雨；男士运动完）。所以从中可以明显地觉察到，这里的七拍组合是精心设计的结果，目的就是带起故事的曲折进程，而让观众陷入一次次的猜测和期盼中。最后导出品牌主张：踏出你的第一步。整个故事建构在一个逆向思维的假设上，即没有迈出第一步的人，会发生什么故事，留下什么遗憾。

二、人物

人物，包含了内在和外在两个层面。外在层面包括了身份、年龄、职业、性别等，可以通过着装打扮、形象挑选等一系列工作加以塑造。但要了解人物内在性格的真相，则需将人物放置于事件压力之下，他所做出的选择及行为举止可以揭示其内在性格。

事件压力是揭示人物性格的根本。上述访客桥段中，主角打翻花瓶的情节，开始将气氛引入转折点。那么，他是捡起来，小心地放回原位；还是用冷漠的眼神看一眼，然后不紧不慢地走到门口；抑或是急着跑回要捡起来，但又怕耽搁开门，又跑去门口来回折腾？在"打碎花瓶"这个事件压力下，或是细腻，或是冷静，或是胆小的人物一下子就被构筑起来。

以目的为导向，去设计故事所需的人物。如果观众观察到的人物形象与揭示的人物内心，有一个价值负荷正反关系，便会更加引人注目。比如，坐拥千万粉丝的网红李子柒。有很多网民疑惑，在网红遍地的时代，她的相貌并不算出众，做饭、养花等才艺也不那么特别，但为什么会在世界各地收获大量粉丝？从一个角度讲，她完成了人设，而这个人设的关键在于：由一系列事件压力的引导，从安静柔软的外表下，揭示出干练爽快的个性。显然这个人设是成功的，满足了人物负荷关系。

案例：奔驰——她不仅仅相信汽车，她更相信自己

广告短剧中，也不乏真实事件取材的故事。下面这支案例，是由奔驰家族史改编的（见图 6-4）。

影片讲述了 Bertha Benz 带着两个儿子第一次开汽车长途旅行的事件。当端庄优雅的女主角驾驶着汽车，穿越一隅偏僻的村庄时，吸引了所有村民前来围观。因当时的汽车并未普及，多数人不曾见过。村庄里的人们奔走相告，有人惊慌失措，有人疑惑好奇，村民们都认为这位女士是个驾驭铁马的女巫。这样的情节设计，为事件制造了压力，主角人物被处于事件压力之下。汽车在人们惊恐的目光下，缓缓驶入村庄，却因为没有油而熄火，事件压力逐步增加。女主角只能下车寻找燃料。她惊恐地四处寻找，众人惧怕她，但又嘲

笑她。可想而知，一位带着两个孩子的母亲此时的心情，周围是隐藏着的危险、嘲笑、谩骂。她只能鼓起勇气，走在泥泞的小路上，迎着众人的嘲笑，逐家寻找可用燃料。女士通过路边一个善良女孩的眼神提示，终于找到一家存有轻石油的饲料铺，但老板的回答却让她失望："你会毒死你的马的。"众人并没有诚意去帮助这位陷入困境和恐慌的母亲。故事在这里把压力施加到最大，将人物放在绝境中处理。然而，这位柔弱的母亲，发现众人对她的不屑和鄙视后，并没有显出胆小懦弱，反而坚定地走上去，用质问的口吻问："你到底有没有 10 升轻石油？"可能是被她的坚持和刚直打动，女主角得到了燃料。事件得到了转折。随即，她拔下头发上的饰品，用其撬开油箱，倒入燃料，动作麻利地启动汽车。这一系列的动作组合，显示出主角隐藏在端庄外表下的强悍与执着。最后她优雅地跨上汽车，当汽车启动的瞬间，巨大的响声和烟雾震动了众人。女主角回眸微笑地看了那个小女孩一眼，对于女孩给予的帮助表示感谢。小女孩的眼神和肢体语言，也从故事开始的惊恐转变为敬佩。这时广告语出现：她不仅仅相信汽车，她更相信自己。

图 6-4　奔驰——她不仅仅相信汽车，她更相信自己

（资料来源：梅赛德斯-奔驰品牌广告）

影片将 Bertha Benz 女士置于事件压力之下，显现出她的强悍与执着，而最后的广告语，正是品牌资产的最好显现。产品只是功能，而品牌是主张、态度、情感。女主角的端庄的外表和强悍而执着的内在性格，恰恰映射了奔驰品牌的综合气质。这个案例，是品牌资产的综合输出，不仅让观众看到奔驰家族的精神血脉和客观历史，也暗示了产品的气质和功能。

第四节　故事的结局和意义

就广告短片来说，故事的目的是为了揭示与品牌的关联点所设计。所以事件的闭合式结局是主要的设计手段。诸如男女主人公最后相遇、一家团圆、主角了其心愿等，一般情况下，不会设计让观众去猜想的开放式结局。

而意义可以说就是审美。假设在现实生活中，你亲眼看到一场严重的交通事故，可能当下的反应是害怕。"呀！快走。"但事后你可能会反思自己在驾驶时，或过马路时的行为举止，甚至开始反思生命。这就具有了教育意义。你发现在生活中，体验需要通过事后反思变得有意义。但是，在一部影片中，情感和思绪是同步展开的。

观众一起揭短剧谜底的过程中，也随着剧情的进行，启动各式各样的情绪，或感动、或感慨。一般来说，广告短剧的情感塑造，是围绕着大众审美的情趣认知，即围绕着亲情、友情、爱情展开，不宜太过复杂或模棱两可。广告创意作品毕竟不是艺术的情感探索，而是需要启动观众的感情才能达到推广目的。从这层意义上来说，剧情通过情绪渲染，逐步将观众感情推入高潮时，正是植入品牌或产品调性和诉求的最佳时刻。影片塑造的情感即品牌想要获得的调性与影片塑造的意义即品牌意义，一般是不会背道而驰的。

当然，纵然故事情节精彩纷呈，情感动人，令人印象深刻，倘若没有与品牌关联得当，也不是一部完整意义上的广告短片。从广告短剧的故事形态来说，故事情节可以与品牌或产品相距甚远，大可不必在剧中大量植入产品，但是短剧的情感塑造和意义塑造，必须指向品牌本身的特质，产生关联性。

案例：AccorHotels 网上酒店预定——会飞的爸爸

雅高酒店集团推出一款网上酒店预定 APP。影片讲述了一对父女的亲情故事（见图 6-5）。

在影片开始处便留下了一个悬念，旁白："你是否相信这个男人会飞？"男主角在世界各地寻找酒店的高层区拍摄风景，他各地寻找日初日落、名胜风光。奇怪的是，照片总是以第一人称视角，并且摆出一个不寻常的姿势。观众会不胜其解：父亲举起双手的动作是什么意思？故事到底想讲什么？随着影片情节的推进，谜底逐步揭晓。男主角原来是一个生病女孩的父亲，为了实现"爸爸会飞"的承诺，拍摄世界各地的风景，并摆出超人的姿势，以这种方式带着不能旅行的女儿领略各地美景。可故事的开始并不顺利，因为要寻找建筑高区，被人驱赶。但有了这款网上酒店预订产品，去到全世界任何地方收揽景色都很便捷，满足了女儿的梦想。最后出现广告语：你的需求，我们的承诺。

父女亲情，是很容易得到共鸣的情感。每一个孩子心里都觉得自己的爸爸是超人。影片正是抓住了这个情感要素设计了故事。当结局揭晓时，观众为之感动。"随时随地预订全球酒店"的产品功能被植入其中，同时也体现出品牌"承诺与关爱"的态度。

图 6-5　AccorHotels 网上酒店预定——会飞的爸爸

（资料来源：雅高酒店集团产品广告）

第七章

创意工作的管理与检验

第一节　创意作业的管理能力

做创意，灵光乍现很重要，但也是可被学习和管理的。而作为学习创意设计的学生或者从事创意工作的人，需要对自己的学习和工作进行计划，才能保证在实战案例面前有高效和高质量的点子。"世界广告大师"李奥贝纳的创意圣经之一是：事前计划是好的，但要保持灵活。（Plan ahead maintain flexibility）。

可见，创意工作者的自我管理是提高工作效率、工作热情以及实现自我发展的重要手段。如果实现对自我的管理？这看似一个简单的问题，却涉及了诸多管理学科知识。本节先从时间管理这个最重要的维度与大家分享一些有效的管理方法。

好的创意工作管理，不仅可以帮助创意者判断事情的轻重缓急，还可以让其做起事情来更从容、更有条理。

一、时间管理

（一）通过工具管理时间

在实践教学中，有大量学生在项目提案的最后几天里通宵赶稿，最后稿件质量不尽人意。这其实是在浪费做案例的锻炼机会，说明你无法在最充裕的时间内，去发想最多可能性的点子。最后创意项目往往草草了之。

所以，建议使用时间管理软件，来实现时间管理。现在智能手机的备忘录或记事本，都能实现此功能，把整个作业从开始接到命题到完稿看作一个整体时间，再把环节分开规划。分段管理创作时间，会有效加紧我们的工作节奏。在项目进行中，随时检查时间段的完成进度，培养自己的时间分配观念。

（二）通过目标管理时间

另一种方式就是用目标管理。这里的目标不一定是正式的，可以是关于具体项目的实践作业，也可以是关于自我的学习。但目标的设定要符合自己的生活习惯，目标本身也要切合自身的实际能力。合理的目标可以让你做到对未来胸有成竹，避免因为一些临时事务而影响原本进度。比如，在一段时间内的并行作业和并行课程，应该如何同时规划？需要把处理这些事务所用的精力和时间都考虑进去衡量，来评估你设定的目标是否切实可行。

目标管理也需要结合工具，明确地记录完成时间和具体完成品。如：周五前需完成小组头脑风暴，并出到 3 个可执行的点子。再如：每周一下课后，进行小组创意案例收集与分析，每人需 5 条以上，并说明案例手法，每条以 80 字描述。

一个目标包含：时间、数量、质量、项目内容。不管是一次性的目标，或是长期目标，清晰又翔实的目标设定可以让你的生活学习更有纪律。

（三）通过顺序管理时间

这个方法叫作时间管理四象限法则，适用于多项目、多作业进程。建议在管理工具或纸上用颜色、图样来区分事情的优先级，会有助于你判断和管理工作，尤其是当你的时间有限，事情却往往堆在一起的时候就显得更有用了。

第一象限：重要又急迫的事。这是考验我们的经验、判断力的时刻，也是可以用心耕耘的园地。如果荒废了，我们很有可能变成行尸走肉。但我们也不能忘记，很多重要的事都是因为一拖再拖或事前准备不足，而变成迫在眉睫的。

该象限的本质是缺乏有效的工作计划，导致本来并不紧急的事情转化成急迫的事，这也是传统思维状态下的管理者的通常状况，就是"忙"。

第二象限：重要但不紧急的事。主要是与生活品质有关，包括长期的规划、问题的发掘与预防、参加培训、向上级提出问题处理的建议等事项。

荒废这个领域将使第一象限日益扩大，使我们陷入更大的压力中，在事务中疲于应付。反之，多投入一些时间在这个领域有利于提高实践能力，缩小第一象限的范围。做好事先的规划、准备与预防措施，很多急事将无从发生。这个领域的事情不会对我们造成催促力量，所以必须主动去做，这是发挥个人领导力的领域。

这更是传统低效管理者与高效卓越管理者的重要区别标志，建议管理者把 80% 的精力投入该象限的工作，以使第一象限的"急"事无限变少，不再瞎"忙"。

第三象限：紧急但不重要的事。表面看似第一象限，因为迫切的呼声会让我们产生"这件事很重要"的错觉——实际上就算重要也是对别人而言。我们花很多时间在这里打转，自以为是在第一象限，其实不过是在满足别人的期望与标准。这里意味着，如果你判断某些事物是处于这一象限，要有选择性地去做。

第四象限：不紧急也不重要的事。简而言之就是浪费生命，所以根本不值得花半点时间在这个象限，彻底放弃此类事物。

（四）通过流程管理时间

对于学生或者创意工作资浅人员，很容易被冗长的头脑风暴会议，或者一遍又一遍的无效讨论浪费时间。这个时候，就要善于简化或优化现在的工作流程。比如，面对 4 人一组的头脑风暴，若你总是发现 4 人效率极低，那么就索性减去两人，因为他们无法在会议中给出贡献。再如品牌调研，能取近不要求远，有些必要的实地调研要进行，有些不必要的可以在网络开展。合并缩减无效工作环节，可以加快节奏，增强信心。

试着去观察或回想你什么时候工作效率最高，把你的工作时间安排在这个时间段，其他时候不要勉强。学习创意设计的同学，喜欢通宵达旦地加班赶作业，这并不是理想的工作方式，会导致第二天疲惫，反而影响整体工作效果，建议找一下最合适自己的学习工作时间，一定会有所收获。

最后，无论是哪一种时间管理方法，通过毅力去坚持实现它，比什么都重要。坚持，意味着不管是学习习惯、工作习惯，还是生活习惯，都要遵行自己定下的规则，这样你才能主导自己的学习和生活。

二、空间管理

空间管理的目的，在于创造舒适的工作环境。只要整理得当，各种学习用品处于一览无余的状态，如电脑、笔记本、参考资料、草图本、铅笔、马克笔等。这样就没有自己无法掌握的事了，也不会因为缺少工具等繁杂事务打断自己的发想、工作的连贯性。

（一）培养舍弃的价值观

若要舍弃必须设定优先排序。将学习与工作物品一字排开，设定优先排序，舍弃无用之物。特别是一些容易干扰内心的电子产品，比如手机，它可能会帮助我们收集资料，但是如果手机里的游戏、娱乐的内容太多，并且又太容易得到的话，建议把手机放在不容易拿到的地方再展开工作，让一切资料来源于电脑，尽可能屏蔽掉任何干扰，会帮你大大提升创意效率，一鼓作气想出好点子。又如，数码相机，它是个必需的工具，但是进行创意发想的时候，它并没有用，所以尽可能不要出现在你的视线范围内。许多功能强大的数码产品并不一定是创意发想工作时的必需品，能简化则简化。

（二）创造最佳的书桌环境

对于很多学生来说，能够真正参与到学习中的物品是非常有限的，无非是一张书桌。但书桌也需要管理。能够在书桌上完成的工作，不要拿着电脑或手机躺在床上完成，除非遇到灵光乍现的状况。让你适用的创意工具，如彩铅、绘图本等用品尽可能固定在一个地方，随手可拿，集中摆放在书桌一角，留出适当空间。书桌就像电脑硬盘一样，有空间才会有速度。

三、信息管理

（一）档案的命名

这是许多同学非常容易犯错，且不够重视的地方，每次作业文档都会出现很多莫名其妙的文档命名，或是信息遗漏严重，如文档没有题目、没有名字等状况。给文件编写一个恰当、易分辨的名字，千万不要随意敲出一个符号，如：AAA、000。一个好的文档命名，应该是让任何人在尚未打开文件时，就能快速地了解文件里面的内容。有时也需要根据学科和老师要求来设计，但至少应该包含四个部分：课程名、姓名、项目名、日期。

（二）专业文档结构整理

这里的文档结构，大到不同科目、不同项目的硬盘管理，小到一个word文档中的排版。

不同学科作业尽量用不同的硬盘进行管理。建议大家把不同学科分设文件夹或分不同硬盘分开存档。在日常学习中，因为多门课程重叠或平行开课，如果养成分课管理文件的习惯，几年下来，上过哪些课程心里就非常清楚了，也方便我们回忆每门课程的内容和成果。

对相同课程项目的分文件夹进行管理。在学习过程中，很多同学把同一门课的作业混乱地放在一个文件夹里，这是很不可取的。每个项目都是一个完整的项目，一个项目就必须建立一个文件夹，其命名至少应包括项目名称和日期。那么无论你在学习生涯的哪个时间段，都能找到之前的知识点和项目成果

项目文件夹是重点管理对象，因为我们学习创意和视觉设计的同学与其他专业不一样。在一个完成的项目文件夹中，应该包括六大块内容：

（1）理论知识点摘要：课程知识点环节的PPT或文字材料。

（2）实践作业题目和要求：根据理论知识点给出的作业题目、规格、内容等。

（3）作业参考资料：创意工作项目进行前，需要大量的前期调研和参考资料，供后期发想和制作参考使用。在这部分有两个内容，即调研素材与形式感参考素材，大型项目建议分开文件夹管理。

（4）制作源文件管理：初稿源文件包括大量可修改内容的 Word 文档、AI 文档、PS文档、PR 文档、AE 文档。根据不同的创意和设计的形式要求，制作软件不一样，要求也不一样，但是一定要保留源文件，因为在实际工作中，我们是一遍遍地修改自己的创意、文案、设计、剪辑等内容的。有时甚至等到解题后，都会再拿出来修改。所以，切记留好项目中不同阶段的源文件。

（5）结题或提案稿管理：这里指不可修改的、最终项目提交文件，会涉及很多形式，因每个项目需要提交的形式都不一样，但是一定是不可修改的文件。比如平面文件就需要JPG 或 PDF 的文件，而不需要提交 PS 或 AI 文件。影视需要 MP4 等，而不是 PR、AE 的制作文件。PPT 提交时，要检查图片或视频有没有嵌入完整。

（6）提交文档的排版：需要根据不同老师要求的规格完整设计，一般都会包括项目基本信息或项目名称，正文中的文字、图形、图像、制作人员等。

（三）严格校对

不严谨的作品，等于不合格的作品。无论你的提交物是文字脚本、分镜头脚本，或是电脑草图，作为提交物，必须经得起推敲和仔细阅读。再仔细检查文字和图形的过程中，隐藏着你对这个职业的尊重和对阅读者的尊重。也许你的文案一流、创意出彩、设计形式无可挑剔，可是出现了两个错别字，或者跳出了一个莫名其妙的空格……诸如此类的错误，千万不要出现在提交物上，不管是不是最终稿，都要避免出现。哪怕是样本，也会给老师或客户留下马虎大意、不可靠的印象。要知道，对细节没有要求的公司，是出不来好产品的。

四、思维管理

好的思维管理，能够将抽象的信息变得具体化，从而提高沟通交流的效率。

（一）将思绪信息化

整理自己的思绪，是明确且恰当地传递事件的关键。除此之外，如果可以很好地理解或整理他人思绪，也能大幅提升沟通的精确度。换言之，就是将原本抽象的思绪置换为明确的信息，进行交换。这就要求我们在平时的生活中，不断提升自己语言表达的精准性和书写表达的能力，并且用相机记录有灵感的画面。创意工作者的日常生活，都会有准备"创意口袋"的习惯。所谓"创意口袋"，手机便是最好的记录与收集工具了，在生活场景中，随时随地注意记录自己的灵感和周围的图像，为创意项目做足够的准备。

（二）观察和聆听

太过强烈的个人主张，容易使得在信息不完整的情况下妄自揣测。创意人的创造力是来自完善的信息，加上发想的技巧和表达，最后创造出新的产物。所以，创意人首先应该是很好的聆听者，听别人的信息、意见、看法。也能通过创意对象、消费者、客户等周遭事物的"眼睛"去观察，感受和想象其他视角。只有不停地收集不同角度的信息，世界才会在你面前展开一个崭新的视野。

（三）透过现象看本质

很多人在开展诸如头脑风暴一类的讨论会议时，经常陷入会议时间冗长、不知所云的状况。或者一遍遍地重复描述事件，当要求大家提出第二个"本质相同，但表象不同的事件"时，想法就会搁浅。

这并不是语言表述上的问题，而是对事件本质的拿捏问题。透过现象看本质的能力，是长期训练下的结果。把握事情的本质，这样就能掌握变通思维。遇到问题时，就能根据需要达成的目标，而替换事情的表象，达到目标的不同路径就会显现。比如，因某人头疼，而双手按头。这是一个动作，是现象。那么本质是什么？是缓解疼痛的方法。那么我们能否从听、触、嗅等五感，或是其他更多的途径去缓解疼痛呢？因为缓解疼痛才是目标。可能你会想出有些不切实际的替换办法，可那就是广告创意的起步，诸如疼痛转移，让别的地方更疼……看似在日常生活中不可能使用，却是很好的发想练习。要知道，创意是对日常生活的戏剧化表述。

第二节　创意产出的表达形式

创意产出的表达形式，是指当我们进行了策略单解读、消费者洞察、头脑风暴发想、创意修辞手法描述、故事叙述等步骤以后，在大脑中已经有了一个较为完整的创意方案，大家已经对该方案达成了共识，但方案仅仅停留在创意团队的大脑中，或者只能是口述表达层面，那么，创意工作环节还不能算作完成，不能直接交接给制作，或者自己打开电脑、拿起相机拍摄，必须把创意的想法记录下来，绘制草图或分镜头脚本才算真正完成创意环节工作。

一、平面创意的草图绘制

平面创意的产出表达，相对比较简单，一般要求以下三部分内容必须齐全。

（一）平面稿手绘草图

平面稿手绘草图，是针对平面表达形式的作品而言，对于创意设计或视觉传达的同学来说并不是难事，只需要基础的手绘写实能力即可，工具就是铅笔与纸张。当然，若能够利用电脑 PS 等绘图软件上色就会更加完整。关于草图绘制的要求，需要能够让别人完全看懂你的创意，而不是自己看懂就行。做到交接给下一环节制作步骤的同学或同事时，具备清晰完整的画面，并不要求画得多像多好，但必须表明画面中诸如性别、年龄、装扮、场景等内容，如果手绘表达实在有困难，也可以借助网上照片素材剪贴或者文字辅助的形式。总之，要想象一个完全不知道你创意的人，能够看懂画面的表达、理解创意的意思，并且能够按照画面执行出来。

（二）画面中完整的文案表述

在绘制草图完成后，千万不要忘记把精准的广告语或广告文案加入，并做好文字排版。这时的文案内容和文字表述形式，已经是创意团队经过推敲的精确文案，原则上在整体完稿前不会再做大的修改。在项目实践中，待后期制作完成后，经常会发生文案偏题，或没"击中"消费者诉求等问题，这就是因为大部分的创意都只是停留在大脑中，没有文案记录和画面表达所致。最后造成画面跟着文案一起大改特改，浪费精力和时间。所以，必须把完整的文案在草图阶段就推敲完成，并排到草图中，让草图的画面有完整性。

（三）品牌的标志

这是容易忽视的部分，品牌标志（Logo）在草图阶段好像可有可无，我们必须矫正这个错误观念，特别是在以单张或系列成案的平面创意广告中，品牌标志或产品是否出现，直接导致创意能否被观众解读。很多创意案若缺乏产品名，根本不知道创意在做什么，而产品名、产品造型、品牌标志的出现就是这套创意的"答案"。就像你把谜题给了观众，却没给答案，那么创意就失败了。所以在制作草图阶段也不要忘记作品的完整性。

二、广告影片的分镜头脚本绘制

（一）分镜头脚本

分镜头脚本相当于平面创意的草图，对于视觉传达设计的同学来说，需要绘制出草图内容。其主要绘制方法和技巧，在本系列教材《影视前期拍摄》中有具体教学，这里不再赘述。

分镜头脚本是将创意想法转换成视听语言的中间媒介，主要任务是根据广告创意的思绪来设计相应画面，把握片子的节奏和风格等。分镜头脚本的作用主要表现在：一是前期拍摄的脚本；二是后期制作的依据；三是长度和经费预算的参考。总之，分镜头脚本绘制，是创意产出的记录形式之一，完成了这一步工作，创意前期工作才算真正完成。

（二）对白或旁白

对白或旁白根据不同项目有不同需求。若在项目创意中需要有人物之间的对白，或是旁白，或者字幕旁白，都需要加到分镜头中。在绘制分镜头脚本的同时，需要把有关影片内容的所有语言描述都推敲清晰，那么在摄制过程中，无论是演员的出演还是配音，都根据创意团队编写的文字来进行。一般来说，广告创意影片中语言描述不宜过多，需要用精简的语句配合描述清楚故事。

（三）广告语或文案

影视广告同样有广告语和文案，是所有创意广告不可或缺的环节。与平面创意广告一样，需要在分镜头绘制环节中设计清晰，确定广告语所出现的时间和位置，确定文字形式和影片画面的配合方式等。

第三节　创意作品的检验标准

有了创意的产出，如分镜头脚本、草图等素材，创意工作仍没有结束。当有了画面内容的基本样态，才是检验创意好坏的时候。因为无论在创意概念阶段、创意洞察阶段和创意发想阶段的任何步骤中，其创意作品都是没有完整度的，而我们又常常在创意没有完整度的情况下，对作品结果误判，要么觉得点子行不通而放弃了，要么过分看好自己的点子，造成不切题。

只有当你的画面和文案以手绘草图或分镜头脚本的形式表达在纸张上时，创意作品才有了雏形。虽然它还是不完整的执行，但是已经完全可以判断作品的创意品味和点子优劣了。

创意最终作品的好坏可以通过以下八个检验标准，供创意者本人对自己所做的创意作品进行检验。如果自己所做的作品已经满足了以下八条，那么恭喜你，你的广告创意阶段工作就已经完成了。

一、该广告是否将品牌系于一个明确的利益

我们的广告应立足于消费者的利益，真正体察到消费者的深层诉求，而非流于做些独特但无意义的表面文章。如果你不知道消费者最迫切的需求是什么，就要按照本教材章节顺序，回到最前面，在做其他事之前将其搞清楚。

二、该广告是否包含有力的点子

有力的点子，是将广告策略转化为具有冲击力和创造性传播概念的工具。核心的创意点子可为即将展开的创作奠定基础。理想而有力的点子应该具备以下几点：具有描述性，能够使用简单短语或句子被描述出来；出人意料，易于引起受众注意；紧扣前述"明确的

利益"，能够通过广告作品"透视"品牌资产；能够使观众生动认知广告委托方的产品功能或品牌主张。

三、该广告是否体现具体品牌个性

好的品牌总是比其他普通品牌多了点"个性"。它不仅仅简单揭示了该品牌为消费者做了什么，因为所有的品牌都要做点什么，而好的品牌输入消费者内心的是品牌资产和品牌主张，是态度、情绪等感性诉求，并能够启动受众的共情能力。那么你为品牌做的创意，有没有体现出来？

四、该广告是否出乎意料

我们的广告委托方不会花钱制作一套与同类产品雷同的广告，就像没有人承认第二个吃螃蟹的人是勇士一样。更为糟糕的是，这种做法会给消费者留下一个"产品模仿者"的不良形象，同时更加巩固了竞争对手的市场地位。所以，要想让产品在消费者平静的印象空间引发海啸，广告只有率先突破常规。而作为创意工作者，必须要求自己不做第二个吃螃蟹的人。

五、该广告是否单纯

如果你已经确定了该说的事情，并找出了一种不寻常的表述方式，那么就要集中精力，把所有的智慧都用在一个点子上，让观众从一则广告中只记住"一件大事"。所有优秀的广告创意，只让观众记住一点就足够了。

六、该广告是否赏心悦目或者具有人文关怀

观众看到你的作品，要么大笑，要么紧张，要么激动，要么悲伤……与观众的情感链接是特殊的东西，它会使观众反复地观看你的作品。

七、该广告是否夺人眼目

好的广告，第一眼看上去就非同凡响——它迫使观众目不转睛，使其大饱眼福，并经常在脑海中重演。如果你致力于创作动人心弦的作品，创作目的莫过于韦伯斯特所言，即"抓住注意力、思想或感情。吸引他、冲击他、让他感兴趣"。

八、该广告是否能展示技艺功底

面对自己的草图，你必须问自己，从文案、画面、灯光、造型到服装、方位、配乐等，每一项素材你都有设想吗？你有没有冲动想不遗余力地立刻做出来？如果你有，那么你对自己的创意还是满意的。要知道在执行过程中，任何一个细节的失误，都会毁掉一个优秀的广告。我们应该对自己的好点子充满热情，不惜一切地把它做出来，这是我们的技艺——创造闪光的作品。

参考文献

[1] 郑建鹏. 广告创意与文案[M]. 北京：中国传媒大学出版社，2011.

[2] 郑建鹏，张小平. 广告策划与创意[M]. 北京：中国传媒大学出版社，2018.

[3] 乐剑峰. 广告文案[M]. 北京：中信出版社，2016.

[4] 罗伯特·麦基. 故事[M]. 天津：天津人民出版社，2014.

[5] 克劳德·霍普金斯. 科学的广告[M]. 上海：上海文化出版社，2019.

[6] 孙亿文，王焱，傅洁，等. 广告创意与策划[M]. 北京：人民邮电出版社，2015.

[7] 克利福德·格雷. 项目管理[M]. 北京：人民邮电出版社，2013.

[8] 叶茂中. 广告人手记[M]. 北京：北京联合出版社，2016.

[9] 大卫·奥格威. 一个广告人的自白[M]. 北京：中信出版社，2015.

[10] 吕晖. 现代广告经典案例评析[M]. 重庆：重庆大学出版社，2016.

[11] 钟铃铃. 平面广告创意与表现——基于视觉思维的研究[D]. 天津：天津工业大学，2007

[12] 宋鑫. 新媒体环境下的广告创意研究[D]. 郑州：郑州大学，2011.

[13] 余艳波，张明新. "广告创意"与"广告策划"：概念的演变、关联与差异性[J]. 湖北大学学报（哲学社会科学版），2009，36（6）：111-114.

[14] 张乐山. 从中国台湾广告业说起[J]. 大市场（广告导报），2005，8（9）：61-62.

[15] 金定海，吴冰冰. 十年（2001-2010）来中国广告创意研究[J]. 广告大观（理论版），2011，6（5）：32-37.

[16] 金定海. 以故事与场景的方式重构营销[J]. 声屏世界广告人，2016，29（12）：37-38.

[17] 韩为. "意料之外，情理之中"的发想训练——谈全国大广赛创意教学指导[J]. 创意设计源，2014，5（1）：38-45.

[18] 韩为. 视觉传达视阈下的中国啤酒广告创意行为分析[J]. 酿酒科技，2021，41（8）：138-144.

致　谢

教材最终能付诸出版，首先，要特别感谢上海工艺美术职业学院领导对校企合作的支持与推动，感谢 WPP 视觉艺术学院（二级学院）全体教师的通力合作。其次，要感谢合作办学的过程中，曾莅临指导的 WPP 集团各子公司，其中包括奥美广告、扬特品牌、伟门·汤普森等著名广告企业。最后，要特别感谢以下各位业界人士为教材编写提供的指导和帮助：原 WPP 视觉艺术学院执行院长董洽先生，支持 WPP 视觉艺术学院创意课程教学的余治平先生、詹育卿先生，前奥美广告集团执行创意总监、WICKED 联合创始人兼讲师余子筼先生，第一位获国际设计大赛全场大奖的大陆设计师、荣威汽车品牌原创意群总监汤涤先生。